O Mendigo e o Milionário

Dados Internacionais de Catalogação na Publicação (CIP)
(Câmara Brasileira do Livro, SP, Brasil)

Saint Girons, Benoît
O mendigo e o milionário : um intrigante conto filosófico / Benoît Saint Girons ; tradução de Gentil Avelino Titton. – Petrópolis, RJ : Vozes, 2009.

Título original: Le mendiant et le milliardaire : conte philosophique

Bibliografia

ISBN 978-85-326-3864-9

1. Autoconhecimento 2. Conduta de vida 3. Filosofia de vida 4. Reflexão 5. Relações interpessoais I. Título.

09-03931 CDD-181.0956

Índices para catálogo sistemático:

1. Arte de viver : Filosofia de vida 181.0956

Benoît Saint Girons

O Mendigo e o Milionário

Um intrigante conto filosófico

Tradução de Gentil Avelino Titton

VOZES

Chemin du Guillon 20
Case 184
CH-1233 – Bernex
http://www.editions-jouvence.com
info@editions-jouvence.com

Título original francês: *Le mendiant et le milliardaire – Conte philosophique*

Direitos de publicação em língua portuguesa:
2009, Editora Vozes Ltda.
Rua Frei Luís, 100
25689-900 Petrópolis, RJ
Internet: http://www.vozes.com.br
Brasil

Diretor editorial
Frei Antônio Moser

Editores
Ana Paula Santos Matos
José Maria da Silva
Lídio Peretti
Marilac Loraine Oleniki

Secretário executivo
João Batista Kreuch

Editoração: Fernando Sergio Olivetti da Rocha
Projeto gráfico: AG.SR Desenv. Gráfico
Capa: Omar Santos

ISBN 978-85-326-3864-9 (edição brasileira)
ISBN 978-2-88353-554-1 (edição suíça)

Editado conforme o novo acordo ortográfico.

Este livro foi composto e impresso pela Editora Vozes Ltda.

Quem não pode ver um outro mundo é cego.
Quem não sabe dizer uma palavra gentil
quando preciso é mudo.
Quem é atormentado por um desejo muito grande é pobre.
Quem tem o coração contente é rico.
Sabedoria Hindu

A Fencienne, Jade e Michaël

Sumário

Livro 1

O acordar

O curso do sol

Agradecemos sua candidatura, mas seu perfil não corresponde ao cargo a preencher.

A resposta era sempre a mesma: lacônica e desumana. Como se o homem trabalhasse de perfil! Mas Samuel era lúcido: sem experiência, ele sabia que não estava à altura das exigências dos empregadores. É difícil fazer um departamento de recursos humanos compreender que se tem ambição e energia para dar e vender; que se é contorcionista e totalmente capaz de adaptar seu perfil, seu verso e reverso ao molde da empresa. *Desejo-lhes boa sorte*, diz para si mesmo. *De minha parte, é um departamento de riquezas humanas que procuro...*

Samuel era jovem. Nessa idade era ainda bastante natural enfrentar as contrariedades profissionais com graça e leveza. O peso vinha um pouco mais tarde, com as responsabilidades e as obrigações, no contato com o excesso de coisas sombrias.

Evidentemente, não havia nenhuma fatalidade nisso e alguns adultos conseguiam prolongar a flexibilidade e o otimismo da infância. Essas pessoas estavam entre as mais felizes do mundo. Seu pai era um deles.

"Um grande número de pessoas tapa o sol com suas nuvens; mas, se você fizer o esforço de ir ao seu encontro, a luz estará sempre ali brilhando para você. Pense no girassol e não se esqueça de voltar-se para a direção do sol." Era este o tipo de frases que seu pai gostava de lhe repetir. O tipo de frases que ele não ouviria mais.

Droga de caminhão!

Seu pai morrera e, com ele, o que lhe restava de família. Aos 18 anos, encontrava-se sozinho, a sós com sua dor, seus problemas e seus ressentimentos. Por um instante, o sol teve dificuldade de atravessar as nuvens.

Mas o tempo continuou seu curso e a primavera sucedeu naturalmente ao inverno. A seiva voltou a circular em suas veias e insuflou nelas a energia necessária para a floração de um novo otimismo. Foi então que ele tomou a decisão: iria para a cidade. A nostalgia ocupava um espaço grande demais na silenciosa casa da família. A capital oferecia, além disso, um campo melhor para suas ambições.

Ele desconfiava, evidentemente, que não seria fácil. Na cidade, não seria demais ter talentos de acrobata para chegar a seguir o sol; um espírito de palhaço para relativizar as desventuras; o senso de equilíbrio, sobretudo, para agarrar-se e não cair...

Por isso, apesar de acordar cada manhã sem ter nada de especial para fazer, Samuel deitava-se sempre tendo feito mais que o dobro. É graças a estes esforços, pensava, que ele acabaria por impor-se. Era apenas uma questão de horas ou de dias. O mundo do trabalho estaria logo pronto para seu número.

Mas ele estava longe de desconfiar das circunstâncias desta acolhida. Aliás, se soubesse o que o esperava nesse belo dia de primavera, não é impossível que ele teria preferido, excepcionalmente, levantar tarde...

O naufrágio

No outro lado da cidade, Jean-Jacques praguejava interiormente: a água do banho estava de novo quente demais. Resolveu chamar a atenção de Antoine, o novo mordomo. Seu serviço era irrepreensível, sua cozinha excelente e sua discrição sem falha, mas não conseguia, realmente, preparar o banho. *Ele não gostava da água ou o que seria?*

Jean-Jacques não tinha ilusões sobre os sentimentos de seus empregados a respeito dele. Só o dinheiro os unia. O dinheiro que, se não podia comprar o amor, podia pelo menos comprar um serviço de qualidade e uma aparência de respeito. E o respeito para com sua pessoa manifestava-se, na hora de acordar e levantar, por um banho com água na temperatura certa!

Ajeitou-se na banheira em mármore branco e fechou os olhos. Havia dormido mal. Seus soníferos faziam cada vez menos efeito. O médico lhe explicara o fenômeno da habituação: o *humanum corpus* habituava-se a tudo, mesmo ao artificial. Sobretudo ao artificial. Era preciso aumentar sempre as doses. Mas Jean-Jacques preferia dormir mal a tornar-se dependente dos medicamentos: o tabaco já lhe dava preocupação suficiente.

Enxugou as gotas de suor do rosto levemente inchado e acendeu o primeiro cigarro. Ele estava cansado, diacho! Estava simplesmente farto. Farto da rotina quotidiana. Farto de seus hábitos. Farto desta vida passada na ociosidade administrando o dinheiro de seus pais. *Será esta a crise dos quarenta?*, perguntou-se. *Excepcionalmente, eu estaria adiantado!* Estava com 39 anos, e o que havia feito? Tinha sido um "filhinho de papai".

Havia nascido para desfrutar, e por isso aproveitara a vida. Os pais nunca puderam recusar-lhe nada. Nunca ousaram dizer-lhe "não". Ele, o filho-único-herdeiro-glorioso-da-linhagem-familiar-e-do-conglomerado-Trouville, sempre havia conseguido tudo imediatamente. A espera lhe era desconhecida. A imaginação, ausente. A inveja, recusada. Capricho após capricho, seus pais sempre haviam cedido.

Sempre, com uma notável exceção: houve o caso de certa moça, com quem se encontrou aos 16 anos, que o iniciou nas alegrias do amor, mas ficou grávida. Os pais usaram todos os meios e contatos – ambos consideráveis – para afastar a moça e abafar o caso. Jean-Jacques nunca mais ouviu falar dela, mas, a partir deste instante, deixou de comunicar-se com seus genitores. Havia coisas que não se podia perdoar!

Por isso, Jean-Jacques desinteressou-se também dos negócios da família. Deixou-os inteiramente nas mãos de seus agentes financeiros, contentando-se em recompensá-los quando, uma vez por ano, lhe anunciavam o aumento de seu capital e dos honorários deles.

Terminou de fumar o cigarro e começou a sair da banheira, mas sentiu dificuldade em equilibrar-se. A cabeça girava. A mente ficou embaçada, da mesma forma que o gigantesco espelho que lhe devolvia uma imagem imprecisa de seu corpo. Isso pelo menos evitava-lhe a vergonha de enxergar-se nu. A imprecisão o protegia dos ataques de seu amor-próprio. Ele que, numa outra encarnação, havia sido tão musculoso!

Se Hélène me visse... Ela escolheu de fato o momento certo para partir. O barco vai afundando, a gata abandona o navio...

Haviam-se separado há quase seis meses, mas ele revia a cena como se fosse ontem. Representara-a muitas vezes. Era curta. Um simples diálogo:

– Estou farta, disse ela.

– Então suma de uma vez!, respondeu ele.

E ela partiu. Cena clássica.

Mas ela não voltou e, desta vez, Jean-Jacques ficou muito desolado: era a primeira vez. Ele não compreendeu: o que fizera desta vez de tão terrível? Do seu ponto de vista, nada... absolutamente nada. Mas talvez fosse esse o problema...

Por algum tempo, ele havia diluído sua solidão em companhia das cortesãs de luxo. Eram feitas para isso. Mas, depois de certo tempo, mesmo suas cópulas tarifadas não lhe proporcionavam mais satisfação. Sentia falta de Hélène, e ponto final!

O barco afunda *porque* a gata abandona o navio...

Uma estranha bibliotecária

Como todas as manhãs em que não tinha alguma entrevista, Samuel dirigiu-se à biblioteca. Ali esquadrinhava as ofertas de emprego, os jornais e revistas, à procura de tendências e de ideias. A cidade fornecia estímulos em abundância: informações, atividades, boatos e movimentos sem interrupção; vinte megabites de informações bombardeavam o cérebro humano a cada segundo. Para desenvolver-se, as ideias precisavam, portanto, passar por uma triagem, precisavam que o ser humano lhes abrisse espaço. Era uma das raras vantagens de sua situação: sem obrigação profissional ou sentimental, ele tinha tempo para si e para sua reflexão. Em certo sentido, é por não nadar em dinheiro que ele podia ainda permitir-se ter ideias.

Anotou algumas reflexões em sua agenda: *pequenos comerciantes de bairro, estresse, falta de tempo, bem-estar*... Desde algum tempo, as revistas apresentavam esta noção de bem-estar em todas as situações. Bem-estar à mesa, na cama, na água, ao ar livre, deitado, de pé, no trabalho ou em posição de lótus. Sentir-se bem estava na moda. Insidiosamente, parecia até que isto se tornara uma necessidade.

Tendo passado os olhos pelos jornais e revistas, Samuel dirigiu-se à seção "Desenvolvimento pessoal". Ele gostava desses livros. Hauria neles a motivação para seguir em frente com coragem, a força para projetar-se no futuro, as técnicas para – mais tarde – realizar seus sonhos. Tudo era sempre possível no mundo maravilhoso do desenvolvimento pessoal. Refugiava-se nele como outrora refugiava-se no colo da mãe, a fim de ouvir contos de fadas.

Já havia lido a maioria dos *best-sellers*, mas a biblioteca, a serviço de seu público, completava regularmente sua coleção. *Nada! Hoje não havia novidades!* Havia, é claro, alguns livros antigos, mas como saber o que valiam? Tinha por acaso tempo a perder para descobrir alguma hipotética pepita?

– Posso ajudá-lo, moço?

Não a tinha percebido aproximar-se, mas esta bibliotecária chegava no momento certo. Evidentemente, refletindo bem, ele deveria ter desconfiado: desde que começou a frequentar a biblioteca, era a primeira vez que a via...

– Talvez sim, respondeu. Olha! Já li vários destes livros, mas eu estava pensando se não haveria outros.

– Outros livros? Claro! Creio que existem alguns outros, disse a bibliotecária com um leve sorriso irônico. Mas poderia me dizer o que você procura? Isso aumentará suas chances de encontrar...

Ela está de gozação comigo, pensou Samuel. *Mas ela não estava errada: o que exatamente estava ele procurando nestes alfarrábios? A riqueza? O bem-estar? Os aplausos do público? Ou simplesmente ideias suplementares?*

– Eu lhe fiz a pergunta mais difícil que pode existir, continuou a bibliotecária. Leve todo o tempo que quiser para responder.

– Justamente, respondeu Samuel. Não tenho todo esse tempo!

– Claro que você tem. Você simplesmente vive na ilusão da velocidade e do êxito.

– O que a Sra. quer dizer?

– De que adianta viver sem dar-se o tempo de viver? Em que direção você vai, rapaz, e, sobretudo, por que está correndo?

– Imagino estar agindo por mimetismo. Tudo anda tão rápido! Um provérbio japonês diz que é impossível ficar imóvel no mundo dos homens...

– Certo! Mas por que correr todos na mesma direção? Por que frequentar sempre as mesmas seções? Já pensou na filosofia? Existe uma quantidade de livros que poderiam responder às suas perguntas. *Propos sur le bonheur* [Palavras sobre a felicidade] de Alain, por exemplo.

– Está disponível?

– Sim! Você tem sorte. A seção "Filosofia" está logo atrás de você. Vá!

Ela dissera isso com uma entonação tal – uma sutil mistura de doçura e autoridade – que Samuel pôs-se maquinalmente em movimento. Só duas fileiras de estantes além, quando as vibrações da voz cessaram de ressoar em sua mente, é que ele se lembrou do quanto abominava a filosofia. *Bem! Uma rápida olhadela e me mando... Não vim aqui para ridicularizar meus neurônios.*

Constatou com surpresa que, aparentemente, ele não era o único a pensar assim: a seção não ocupava nem o equivalente a uma estante, e apenas alguns livros haviam sido retirados. *Compreendo por que a bibliotecária está limitada ao papel de empurrar a mercadoria!* É verdade que a filosofia acumulava deficiências: suas ideias não eram pré-digeridas, suas capas eram sóbrias, sua influência midiática limitada, seus partidários discretos e seus princípios considerados obsoletos. Por fim, o pior: ela precisava refletir. Não! Realmente, a filosofia não era razoável!

Samuel tomou o livro de Alain e o folheou até o primeiro capítulo. O título o fez parar no mesmo instante: "Bucéfalo". *É justamente o que eu temia. O que é que é este bichinho?* Com toda certeza, os filósofos eram como os intelectuais de Pierre Perret: tranquilizavam-se quando não eram compreendidos. Ele não estava disposto a "bucefalar": fechou o livro e dirigiu-se discretamente para a saída.

– Não encontrou o livro?

Diacho! Ela o havia rastreado! Será que não tinha outra coisa a fazer senão vigiá-lo? Ele não conseguiu evitar uma pequena sessão de humilhação. Sentia-se incapaz de mentir a esta mulher. Ela o teria desmascarado imediatamente. Conteve seu orgulho e respondeu:

– Encontrei, sim. Mas pareceu-me realmente muito complicado. Já o título do primeiro capítulo...

– Bucéfalo! Mas é o nome do cavalo de Alexandre Magno! É uma história engraçada: ninguém conseguia cavalgar este terrível animal. Alexandre percebeu que o cavalo tinha medo da própria sombra e, mantendo a cabeça dele virada para o lado do sol, conseguiu domá-lo. De modo que, se nos detemos em nossa primeira impressão, não poderemos nunca ir muito longe...

– Regra que se aplica sem dúvida ao meu preconceito em relação à filosofia...

– Fazer o quê? Nem todo o mundo teve a oportunidade de ter Alain como professor!

– Como a Sra.?

– Será que pareço tão velha assim? Não! Simplesmente encontrei há alguns anos um homem que me levou a gostar da filosofia e das ideias. Um livro como o de Alain é precioso porque é vivo. Se você quiser, podemos discuti-lo.

– A Sra. tem tempo?

– Claro que tenho tempo! Então, por que não perdê-lo? Compreenda, rapaz, a vida só dá tempo se nós primeiramente lhe dermos tempo a ela. Como encontrar o livro que transformará sua vida, se você não tomar tempo para passear entre as estantes, e depois entre as páginas?

– É preciso reconhecer que sou muito impaciente, disse Samuel com um suspiro.

– "Não diga nunca que os seres humanos são maus; não diga nunca que eles têm esse ou aquele caráter. Procure a agulha"[1].

– Agulha? Que agulha?

– O porquê do problema: por que o cavalo está nervoso? Por que este homem se comporta mal? Por que somos todos tão apressados? Você, por exemplo, por que se interessa tanto pelo desenvolvimento pessoal? É porque você está muito feliz ou para preencher uma ausência?

---

1. ALAIN. *Propos sur le bonheur*. Gallimard (Folio Essais), 2004, p. 13.

Samuel teve que admitir que era sobretudo este segundo motivo. Diante da insistência da quinquagenária, explicou-lhe que estava sem trabalho e esfalfava-se por encontrá-lo. Contou-lhe o desaparecimento de seus pais, o ano difícil por que passou, sua residência nos abrigos, sua vontade de sair deles...

– E você pensa que este tipo de livros pode ajudá-lo?

– Mas claro! Como se diz, nunca se tem uma segunda chance de causar uma primeira boa impressão. Preciso tornar-me o melhor para impressionar os empregadores!

– Viva a lei da selva e os outros que se danem, é isso?

Ela despejou estas palavras com tanto desprezo que Samuel lamentou imediatamente ter baixado a guarda. Ele se revelara a uma desconhecida na esperança de que ela o ajudasse a encontrar trabalho e eis que ela o repreendia asperamente! O que sabia ela da selva, esta rata de biblioteca, fechada o dia inteiro a salvo das águias e dos raios do sol? Pensou em ir embora, mas acabou respondendo, com raiva contida:

– Não! Mas cabe a cada um assumir suas responsabilidades!

Ela percebeu que Samuel ficou chocado. O que havia acontecido com ela? Era muito cedo para tratá-lo assim de maneira rude. E, além do mais, é culpa dos jovens se eles estavam condicionados? Felizmente, este era capaz de controlar-se. E respeitava os outros. Claro, não havia nenhuma dúvida a respeito!

– Perdão, continuou a bibliotecária. Eu não queria magoá-lo.

– E eu não queria causar-lhe má impressão: eu não desprezo os outros.

– Sim, eu sei. Alguém que lê o que você lê não pode zombar dos outros.

– Como? A Sra. vigia minhas leituras?

– Digamos que me interesso por aqueles que se interessam por certas obras. Sobretudo quando leem uma após a outra. Venha comigo, rapaz. Tenho uma coisa para lhe mostrar...

Impressionado com tanta firmeza, Samuel levantou-se e seguiu-a. Emanava desta mulher um carisma e uma segurança bastante extraordinários. Sua vitalidade parecia inversamente proporcional à sua estatura. E havia também seus olhos. Olhos de coruja, fantásticos, profundos de conhecimentos, luminosos de inteligência, e cujo brilho desnorteava instantaneamente.

Saíram da biblioteca e andaram cinco minutos até um pequeno imóvel. Seria um anexo? Nenhuma placa na fachada a indicá-lo. Isso intrigou Samuel:

– Aonde vamos?

– Ora! Consultar o livro que você procura, é claro! Convenhamos, você não pensa que podemos expô-lo aos olhos e às mãos do grande público...

Bem no fundo

Jean-Jacques saiu precipitadamente de casa. Um telefonema. Acabavam de descobrir Hélène. Sem vida. A polícia optava por suicídio. Uma nota, encontrada próximo ao corpo, fazia alusão à passividade de seu marido.

Arrasado, Jean-Jacques refugiou-se na estrada. Gostava de dirigir: a liberdade de acelerar para superar os problemas, de fazer curvas em sequência, de seguir os contornos da calçada... Tudo isso lhe trazia o sentimento de poder e de controle que ele não conseguia infundir em sua vida. Sentado confortavelmente atrás do volante de couro, sentidos aguçados e tendo Chopin como companheiro, é na estrada que ele tinha enfim a impressão de viver.

Normalmente, em todo caso. Porque nessa manhã sombria seus pensamentos tinham dificuldade de descolar-se do asfalto. Hélène não lhe sorriria mais. Nunca mais. O concerto assumia um tom de réquiem.

Foi arrancado de seu pesadelo pela buzina de um carro que avançava rapidamente pela esquerda: ele não havia respeitado a prioridade na rotunda. *Você não devia andar tão depressa, seu imbecil!* Esta ponta de vulgaridade o tranquilizou. Precisava de uma válvula de escape. Seja como for, só o pianista podia ouvi-lo e este estava por demais ocupado em sua marcha fúnebre. *É possível insultar em música?*, perguntou-se Jean-Jacques. *Seria isso a nota falsa?* Claro que não, porque um músico vulgar prejudicar-se-ia sobretudo a si mesmo...

Depois de muitas voltas, acabou novamente em casa. O mordomo o acolheu, com ar de alívio:

– Senhor, fiquei sabendo da novidade. É horrível... Tentei entrar em contato com o Sr., mas ninguém respondia. Temi pelo pior... Os pais de sua mulher ligaram. Nem sei como dar-lhe a notícia, mas eles não querem vê-lo. Estão ainda sob o impacto do choque, o Sr. compreende.

– Deixe-me em paz, respondeu Jean-Jacques com raiva. Não quero ser incomodado!

– Pelo menos o Sr. não irá fazer alguma besteira?

– Não consegui fazer besteira no carro, por isso não há motivo para fazer agora. Volte para o seu trabalho e ocupe-se com os telefonemas. Não quero ver nem ouvir ninguém!

Jean-Jacques isolou-se no quarto e recusou-se a sair. Antoine, muito atencioso, procurou todos os dias estabelecer a comunicação. Só o conseguiu no quinto:

– Senhor, quando minha mulher morreu, eu também pensei que não iria mais recuperar-me. Mas depois, aos poucos, a vida voltou ao normal...

– Como ela morreu?

– Estava muito doente. Para ela, a morte foi uma verdadeira libertação.

– Faz muito tempo?

– Quinze anos na próxima semana.

– E você nunca pensou em casar novamente?

– Ela era a mulher de minha vida. Vivo de sua lembrança... Ela está aqui, sempre a meu lado, sustentando-me nos momentos difíceis, sorrindo para mim nos momentos de alegria. Por que desejaria eu mudar?

– É uma linda maneira de ver as coisas. Tem filhos?

– Um rapaz e uma moça. Agora estão crescidos e trabalham no exterior. Os filhos, o Sr. sabe, são o essencial: são ao mesmo tempo fontes de felicidade, de desprendimento e de generosidade. É preciso pôr-se ao nível deles e animá-los a nos ultrapassar, depois a nos deixar...

– Hélène queria, mas eu não estava pronto para isso. Talvez foi por isso que ela partiu. Se eu tivesse podido imaginar por um segundo...

– Pode ser tentador, mas o Sr. não pode continuar a acusar-se por causa da escolha feita por outra pessoa. Isso não melhora em nada a situação. "Se há remédio, para que se aborrecer? E se não há remédio, para que se aborrecer?", aconselhava Shantideva[2].

---

2. DALAI-LAMA. *Guérir la violence*. Plon, 1998, p. 43.

– Aborrecimento? Engraçado esse tal de Shanti! Ela morreu, ora bolas!

– Ela não está mais aqui, mas será que não está em outro lugar? Talvez tenha apenas "mudado de residência", como dizia Sócrates. Em todo caso, o Sr. está vivo, e não creio que seja razoável para um vivo recusar a vida. O Sr. conhece a doutrina taoista? Liezi conta a seguinte história:

> A morte do filho não entristeceu absolutamente Wu da porta do Leste, originário de Liang.
>
> Mordomo: Ninguém no mundo ama seu filho tanto quanto vós amáveis o vosso. Por que não estais triste com sua morte?
>
> Wu: Não tenho mais filho. Eu não me entristecia quando eu não tinha filhos. Meu filho morreu. A situação é idêntica àquela em que eu não tinha filhos. Por que iria entristecer-me?[3]

– É muito bonito. Mas não creio que este tipo de preceitos possam aplicar-se ao nosso tempo.

– Claro que não... Estamos mais numa lógica de posse do que de desapego... Mas isto merece reflexão, o Sr. não acha?

– Não sei. Já não sei mais. Não paro de ver o rosto dela, de imaginar o que eu poderia ter feito... Fui um verdadeiro canalha, você sabe. Ela fez bem em me deixar!

– Ter suas razões não significa que a gente é razoável. Sabe o que deveria fazer, Senhor? Arejar suas ideias! Veja! Está havendo na cidade justamente uma exposição de fotos aéreas da terra. O Sr. verá que, com a perspectiva correta, o mundo pode ser cativante de beleza!

---

3. LIE TSEU (Liezi). *Traité du vide parfait*. Albin Michel, 1997, p. 134.

A lei da selva

– Que história de livro é esta?

– Você não me pediu uma sugestão de leitura?

– Sim. Mas a Sra. enveredou por considerações existenciais, respondeu Samuel em tom ríspido.

– Você embirrou comigo porque eu o vigiei, não é? Eu lhe asseguro que é por boas razões. A prova é que você está aqui. Acredite-me, rapaz, muitas pessoas pagariam uma fortuna para estar no seu lugar...

– Aceito cheques.

– Não seja tão sarcástico e escute-me com atenção. Você não deveria estar aqui. Eu ultrapassei todas as normas. Se me enganei a seu respeito, isso poderia valer-me alguns aborrecimentos. Mas confio em você e estou convencida de que você não me trairá. Estou certa?

– Já não sei mais nada e estou começando a ficar cheio com seus enigmas...

– Você está no seu direito. Você pode, portanto, escolher entre duas opções: ou ir embora e esquecer todo este negócio – e eu o previno de que terá interesse em esquecê-lo – ou entrar comigo neste prédio e deixar que eu lhe explique tudo.

O cálculo a que Samuel se entregou não durou mais que um décimo de segundo. Entre a rotina e uma aparência de aventura, não havia como esquivar-se:

– Está bem, vamos!

– Ah! A impulsividade da juventude! Mas devo preveni-lo: se formos em frente, não haverá mais possibilidade de voltar atrás. O que você vai ver pode transformar sua vida.

– Isto vem a calhar, estou livre esta tarde.

– Que bom. O humor lhe será precioso para aquilo que você está se preparando para viver...

Entraram no saguão. Imediatamente um guarda levantou-se e aproximou-se a passos rápidos:

– Sinto muito. Este lugar é vedado ao público!

– Tudo certo, Robert. Ele está comigo.

– Oh! Bom-dia, Madame Persigny. Desculpe, eu não a havia reconhecido. É um novo *leitor*? Sei que eu não devia dizer isso, mas, seja como for, ele não é um tanto jovem?

– Ele tem a idade de suas experiências, Robert, e leu quase todos os nossos livros na biblioteca.

– Bem, neste, caso... Evidentemente, a Sra. assumirá as responsabilidades...

– Como sempre. Não se preocupe, Robert. Nada lhe será censurado se por acaso...

Se por acaso o quê?, perguntou-se Samuel. Ele tinha uma razoável confiança na bibliotecária, mas a cara e a estatura de Robert não serviam para deixá-lo tranquilo. Antes de mais nada, onde estava ele? O saguão não apresentava qualquer sinal distintivo, qualquer placa administrativa, nem mesmo qualquer sinal de vida. Além disso, um cheiro de tinta fresca impregnava o ar.

– Siga-me, disse a bibliotecária.

Era agora ou nunca. Se ele quisesse voltar para a rua, era agora que era preciso decidir-se. Com sua agilidade poderia facilmente desvencilhar-se da massa de músculos... Mas, e depois? Iria passar o resto da vida chamando-se de covarde?

– É por aqui, Senhor, continuou o guarda com um tom que soava como uma ordem. Eu fico cuidando da porta.

Tarde demais! Rambo não o deixaria mais sair sem permissão. Seguiu, portanto, a bibliotecária até o terceiro andar e entrou numa sala quase vazia, não fosse uma mesa de madeira branca, quadrada, e duas cadeiras de palha.

– A Sra. poderia fornecer-me o nome de seu decorador!, brincou Samuel, sentindo-se cada vez menos à vontade.

– Gostamos de ir ao essencial. Sente-se por favor. Então, o que você deseja saber?

– Pois bem! Para começar, por que a Sra. me espionou?

– Espionar? Que exagero! Ora, não seja tão convencido. Nós nos interessamos por você, e é só: um jovem que lê tanto é algo que não passa despercebido. Infelizmente, ler como todo mundo lê nunca produziu mais que mentes formatadas.

– De certo a Sra. prefere ler autores desconhecidos, de quem ninguém nunca ouviu falar?

– Prefiro pensar livremente e confiar em minha intuição. Não desprezo os *best-sellers* nem os clássicos, mas desconfio do *marketing*, tanto nos livros como na vida.

– Ou seja?

– Deixe-me apresentar nossa visão do mundo. Nós pensamos que o ser humano é bom e tem boa saúde *por natureza*. É o sistema que o corrompe e faz dele um ser fraco, infeliz e degenerado.

– A Sra. esqueceu desempregado...

– Não me interrompa, por favor: o assunto é de importância. Fisiologicamente, nós vivemos sem dúvida mais tempo, mas em que estado! Nunca as doenças degenerativas fizeram tantos estragos. Até crianças são afetadas pelo câncer, você não percebe? Para não mencionar a esterilidade de numerosos casais, a baixa geral do dinamismo e da energia, a obesidade, as cáries dentárias...

– As cáries? Mas todo mundo tem cáries, protestou Samuel.

– Seria um motivo para considerar isto normal? Você acredita que a função dos nossos dentes seja proporcionar lucro aos dentistas? Como você explica que dentes de nossos ancestrais Cro-Magnon chegaram até nós quase incólumes, enquanto hoje eles apodrecem em nossas bocas? Seriam os dentes capazes de resistir a milhares de anos de ações corrosivas, mas deteriorar-se-iam em seu ambiente natural?[4] Por quê?

– Açúcar demais?

– Sistema demais! Nossa alimentação à base de produtos desnaturados e refinados simplesmente não é adaptada ao nosso organismo. Aliás, o nosso estilo de vida também não. Assistimos a uma pandemia de mal-estar como nunca na história do Ocidente. Isso não lhe parece estranho, quando nunca vivemos com tanto conforto?

– A vida é difícil...

– Será que o era menos nos séculos passados? Nós trabalhamos duas vezes menos, temos mais dinheiro, mais comida, mais higiene, mais lazer, mais paz e, no entanto, somos estressados e mentalmente desequilibrados como nunca!

– Como a Sra. explica isso?

– Você lembra quando eu o tratei com rudeza há pouco? Reagi vivamente porque suas palavras refletiam um esquema de

---

4. Após dar a volta ao mundo e ter encontrado as tribos mais diversas, o dentista americano Weston Price (1870-1948) constatou uma regra de base: enquanto estas tribos permaneciam isoladas e fiéis a seu regime alimentar tradicional, seus dentes eram magníficos. Quando era construída uma estrada e instalava-se a *civilização*, a saúde dos indígenas começava a alterar-se... (Dra. Catherine KOUSMINE. *Soyez bien dans votre assiette jusqu'à 80 ans et plus*. Tchou, 1980).

pensamento infelizmente muito difundido hoje em dia: tornar-se o melhor para sobreviver à lei da selva.

– Não vejo o que há de repreensível nisto.

– A fantástica diversidade biológica provavelmente se construiu não tanto sobre a seleção natural e sim sobre a colaboração entre as espécies[5]. Veja o ser humano por ocasião de seu nascimento: completamente vulnerável! Sem o apoio de adultos, a criança não teria nenhuma chance de sobreviver, da mesma forma que, sem a colaboração entre os humanos, a humanidade jamais teria conhecido o progresso ou a civilização. Compreenda, rapaz, a verdadeira lei natural de sobrevivência e crescimento não é estar por cima, mas com os outros! Você quer desenvolver-se? Muito bem! Mas coloque-se primeiramente as perguntas seguintes: você o faz para crescer e ganhar em liberdade ou simplesmente para superar os outros? Sua maneira de proceder é pessoal ou teleguiada pelo sistema? É evidente que a lei da selva agrada aos poderosos: ou chego lá, e então me torno mais eficiente, mais rico e mais consumidor, ou não chego lá, e então me torno frustrado, mas mesmo assim consumidor, a fim de esquecer minhas frustrações.

– Eu poderia também me revoltar...

---

5. O matemático Peter Saunders calculou que a seleção natural não teria permitido produzir a fantástica diversidade dos seres vivos existentes sobre a Terra e defende um novo modelo evolucionista: a cooperação entre organismos. É também a opinião de Paul Nardon, do Institut National des Sciences Appliquées (Insa) de Lião: "Os organismos têm uma tendência natural a associar-se. [...]. A generalização da simbiose, no plano zoológico, leva a repor em discussão o conceito de indivíduo. Assim, aquilo que chamamos de vaca ou de homem não é senão um conglomerado de mais de 300 espécies diferentes!" (Artigo de Jean-Baptiste PATRICK, Faut-il brûler Darwin?, em *Sciences et Avenir*, novembro de 2004). Isto se aproxima do que dizia Gandhi: "Uma das leis da Natureza é a atração universal. É o amor universal que lhe permite viver e permanecer. Não são as forças de destruição que fazem o ser humano viver".

– Contra um sistema do qual eu sonho inconscientemente participar? Repare como as grifes são veneradas nas cidades! Olhe, rapaz, a natureza talvez tenha horror ao vazio, mas o sistema fez dele seu fundo de comércio: o mal-estar, os complexos, os medos e as frustrações são incontestavelmente os motores do consumo. O sistema não tem nenhum interesse em querer nosso bem-estar, porque é quando estamos felizes que menos consumimos. De que servem bugigangas se já tenho o essencial?

– Se bem a compreendo, nós seríamos as vítimas de um gigantesco complô?

– Seria cômodo e fácil demais jogar assim a responsabilidade sobre os outros! O sistema é antes como a poluição de que fala Hubert Reeves: não um grande problema, mas seis bilhões de pequenos problemas! Evidentemente, não adianta muita coisa atacar o sistema frontalmente. Segundo o princípio do aikidô, seria melhor utilizar a sua energia a fim de orientá-lo numa direção mais positiva. E a energia do sistema é o dinheiro. É pelo dinheiro que podemos vencer!

– Estou muito curioso de aprender como.

– É justamente esse o tema do livro...[6]

A exposição

Jean-Jacques precisou de mais dois dias para acalmar sua dor, mas acabou saindo. Era uma bela manhã de outono e ele resolveu sair a pé. Fazia anos que não se dava o tempo de vadiar. O homem moderno não sabia mais caminhar. Só sabia rodar: de carro, de moto, de patinete ou de trotinete, a roda era o acessório das pessoas apressadas, ou seja, de todo mundo. No entanto, somente a lentidão colocava a cidade à altura do ser humano:

---

6. Cf. também o site www.lemendiant.fr

quando as pessoas não se concentravam mais no destino é que os detalhes apareciam.

A caminhada tinha, é claro, também seus inconvenientes. Havia os cocôs de cachorro e todos aqueles mendigos. Jean-Jacques estava perplexo: pagava seus impostos como todo mundo – tinha até a oportunidade de pagar mais que todo mundo – e sabia que uma boa parte destes destinava-se aos programas sociais. Em seu país, a generosidade era obrigatória e tecnocrática. Então, o que estava fazendo toda essa gente?

Chegou ao parque e iniciou sua volta ao mundo fotográfica. O mordomo não lhe mentira: o mundo, visto do céu[7], era cativante de beleza. Pena realmente que o helicóptero não esteja ao alcance de todos os bolsos...

Não! Não acredito! Mais um!

Um mendigo acabava de plantar-se a seu lado.

– Hum... nada mal, resmungou ele. Evidentemente, isto contrasta com a melancolia da cidade... E você, o que pensa disso?

Mas com quem ele está falando? Comigo é que não é... Jean-Jacques fez de conta que não ouviu. O mendigo continuou:

– Ah! Você não pensa nada? Você tem razão: é perigoso pensar, isso desperta cada ideia...

– É comigo que o Sr. está falando?

– Não. Estou falando com o sujeito que está na foto. Ele parece mais feliz que você.

– Como assim?

– Você entendeu: feliz. Olhe, ele está até sorrindo.

---

7. Arthus-Bertrand YANN. *La Terre vue du ciel*. Éditions de La Martinière, 1999.

– Mas o que o Sr. está dizendo?

– Faz algum tempo que eu o venho observando. Você é a única pessoa que mostra mau humor diante da beleza da natureza. Tem algo de errado, você está doente?

Aconteceu uma coisa estranha na cabeça de Jean-Jacques. Em vez de mandar o impertinente às favas, olhou para ele e disse para si mesmo que tinha coisa mais importante a fazer do que tratar mal um pobre diabo como este. De resto, de que adiantava colocar no seu devido lugar alguém que nem tinha lugar?

Isso sem contar que esse sujeito não estava errado: Jean-Jacques não estava lá muito bem. Mesmo assim, ver um mendigo perguntar-lhe como estava indo... realmente era o mundo virado do avesso! Resolveu restabelecer a hierarquia:

– Não. Não. Está tudo bem. E o Sr.? Como vão os negócios?

– Não muito bem, respondeu o mendigo. Sofro a concorrência dos estrangeiros. Depois que eles desembarcaram, tenho visivelmente menos trabalho: as pessoas não sabem mais onde, nem a quem dar. O mercado está saturado. Antes, meu cachorro despertava a compaixão das senhoras idosas, mas os estrangeiros chegaram com crianças e bebês. Bebês, você entende? Ah!, eles são hábeis em *marketing*! E, como nem mesmo falam francês, não correm o risco de perder tempo tagarelando com os samaritanos: verdadeiros profissionais da mendicância!

– Mas então, por que o Sr. está nessa?

– Bem! É preciso fazer alguma coisa!

– E consegue viver?

– Sim, você pode ver. Eu respiro!

– Financeiramente, quero dizer.

– Isso é uma outra questão, não tem nada a ver! Com a vida, não se tem escolha: ou a gente está vivo ou a gente está morto; não há meio-termo. Em todo caso, não deveria haver... Mas com o dinheiro é outra coisa: cada um decide sobre suas próprias aspirações e frustrações. Eu, no meu caso, decidi simplesmente viver.

– Estou vendo. Mas, mesmo assim, não o incomoda despertar a compaixão?

– É melhor do que despertar o ódio, não é? Você, por exemplo, com esses belos sapatos e esta roupa bonita feita sob medida, o que acha que inspira? Bem! Vou lhe dizer: você inspira o desejo, a inveja, o ciúme... Eu inspiro a generosidade e a entreajuda. Graças a mim, as pessoas se sentem um pouco mais humanas. Desempenho uma profissão útil, você sabe.

– É claro, olhando por este ângulo...

– Seria necessário ver sempre as coisas de diversos ângulos. Não existem tantas perspectivas quantos pontos de vista?

Sim, claro, disse Jean-Jacques consigo mesmo. *Bom! Não é tudo, mas já fiz minha boa ação. Não tenho vontade de passar por samaritano...* De repente, preocupado em ver-se livre, obrigou-se a abreviar o intercâmbio:

– Bom. E então, obrigado por esta conversa. Quanto lhe devo?

– Nada: a palavra é gratuita. É o ato de generosidade que é recompensador.

– Preciso dar-lhe alguma coisa?

– Só se este movimento vier de seu coração. Se você dá por obrigação ou manipulação, não se sentirá tão bem. Por isso não vou pedinchar: minha não ação garante uma generosidade de qualidade. Quando os transeuntes abaixam os olhos, me veem e se aproximam de mim sem coações, é então que eles se humanizam. Durante todo o dia eles vão pensar em seu gesto e se sentirão bons. Os novatos na profissão perderam o gosto do trabalho bem feito: não suportam esperar. Vão ao encontro dos transeuntes, os agridem e os manipulam para extorquir-lhes alguns trocados. Neste caso, todos saem perdendo. O novato que ouve continuamente: "Não, sinto muito", o transeunte que mente para não dar e até mesmo aquele que dá, porque ele tem então o sentimento de ter reagido e não agido. Olhe aquele pórtico, com o cachorro: é lá que eu trabalho. Como você pode ver, não tenho um cartaz diante de mim: Não dou a perceber a ninguém que estou com fome ou que não tenho abrigo. As pessoas vêm até mim espontaneamente e se afastam com o coração leve. Guarde, portanto, seu dinheiro. Você ainda não está pronto para dar...

Jean-Jacques guardou a carteira no bolso do casaco, no lado do coração, saudou o mendigo filósofo e foi embora. Tinha ainda muita coisa a ver e aprender, mas estava ficando tarde. Ficaria para outro dia. Retornou à sua propriedade, ao seu canto, aos seus hábitos e às suas mágoas...

A armadilha

Fazia cinco minutos que a bibliotecária saíra da sala e Samuel começava a achar o tempo longo. Levantou-se e dirigiu-se à janela. Foi nesse momento que notou a grade.

O sol não aparecia, mas o céu estava azul. Alguns pombos revoavam. Lá embaixo as pessoas andavam apressadas como de costume, sem olhar para o céu.

Ao fim de quinze minutos, Samuel resolveu que sua paciência tinha limites. Dirigiu-se até à porta, mas encontrou-a fechada. Bateu. Nada. Golpeou com força. Chamou. Nenhum eco. Investiu contra a janela, mas também não conseguiu abri-la. Quebrá-la com uma cadeira? Sim, poderia fazer isso como último recurso. A grade não o impediria de chamar por socorro. Este pensamento o tranquilizou um pouco. Ele estava em plena cidade. As pessoas ergueriam a cabeça.

No entanto, o que ele temia aconteceu: deixara-se cair numa armadilha! Por que não fugira daquele maldito saguão? Que ideia também de seguir qualquer um para qualquer lugar! O que ele não chegava a compreender era o motivo de sua captura e por que logo ele!? Não. Tudo isso não fazia sentido. Eles iriam reaparecer. A bibliotecária deve ter recebido um telefonema urgente ou coisa parecida...

Bateram à porta.

– Entre!, gritou Samuel.

Ninguém entrou, mas um envelope deslizou por baixo da porta. Samuel precipitou-se, com a mente em ebulição, o coração em brasa. Rasgou o envelope e desdobrou a carta. Só faltou desmaiar.

No alto da folha, quatro palavras o atingiram em cheio:

Prepare-se para morrer...

Largou imediatamente a carta, empunhou uma das cadeiras e investiu contra a janela. O golpe ressoou por todo o imóvel, mas a vidraça resistiu.

– Mas o que está acontecendo aqui? Tenha a bondade de respeitar nossa mobília! Olhe o que você fez com a cadeira...

A bibliotecária acabava de reaparecer trazendo uma bandeja com chá. Esquadrinhou Samuel com interesse. Este, louco de raiva, apertava na mão o que fora, até um minuto antes, um belo alizar de cadeira. Tremia e agitava nervosamente o pedaço de madeira.

– Olhe em que estado você ficou! Isso não é normal... O que se passou na sua cabeça?

– Como se a Sra. não soubesse!

– Percebo muito bem que você está com raiva, mas confesso que não entendo o motivo. Podia me explicar? Talvez você poderia também soltar este bastão! Não seria muito prático para tomar o chá...

– Não me interessa o seu chá! A Sra. vai, sim, me deixar sair!

– Prefere café? Escute: peço perdão se lhe causamos algumas palpitações, mas eu lhe asseguro que você não tem absolutamente nada a temer aqui.

– Por que então fechar-me aqui dentro? E esta carta, gritou Samuel apontando-a com o dedo. A Sra. se acha engraçada, por acaso?

– Mas o que há exatamente nesta carta?, perguntou a bibliotecária. Posso dar uma olhada?... Ora, isso não tem a mínima importância!

– "*Prepare-se para morrer*", isto lhe parece banal talvez? Vocês são uns doentes, uns loucos!

– Mas leia a carta toda. Repare o que está escrito embaixo.

Samuel tomou-a novamente com um gesto rápido, percorreu-a e soltou um "Oh!" de surpresa. "Prepare-se para morrer..." vinha seguido de: "...vivendo da melhor maneira possível". Esta última frase estava escrita com letra mais miúda e ao pé da página, mas era bem legível. Como isso pôde escapar-lhe?

– E não é tudo, disse a bibliotecária. Esta carta nem sequer é dirigida a você. Olhe o envelope: você não se chama Marc Fisher[8], quanto eu saiba!

– A Sra. zombou de mim, concluiu Samuel, e me deu um baita cagaço. Posso saber por quê?

– Para lhe mostrar o poder de sua imaginação. Pelo estado em que ficou a cadeira, sua imaginação é bastante fértil, não é? Pena que ainda não saiba orientá-la no bom sentido!

– O que a Sra. quer dizer?

– O que funciona num sentido funciona também no outro. Seus pensamentos quase fizeram você morrer de medo, mas como você teria reagido se tivéssemos escrito: "Você está livre para ter êxito e ser feliz!"?

– Não sei, mas com certeza a cadeira estaria intacta.

– Só depende de você orientar sua imaginação corretamente. "O ser humano é aquilo que ele crê", dizia Anton Tchekov. Infelizmente, ele muitas vezes está bem longe de crer tudo o que ele é...

– Se bem compreendo, o problema viria de uma má comunicação com nosso cérebro?

– Sim! Nossa mente está de fato embaçada por certo número de condicionamentos reflexos. A lei da selva de que já falamos, mas também, de forma mais sutil, nossa representação muitas vezes negativa do mundo. Tomemos o exemplo dos jornais

---

8. Marc FISHER. *Le millionnaire*. Pocket. Um pequeno conto com um milionário e uma rosa, fonte de inspiração para esta passagem...

televisivos. No espaço de trinta minutos, é lógico que os jornalistas se concentrem no que escapa ao ordinário: a queda de um avião em vez dos milhares de voos que aterrissam todos os dias sem dificuldade, o assassinato em vez dos bilhões de apertos de mão ou de sorrisos... É preciso não se deixar enganar: numa página em branco, é evidentemente o ponto negro que salta aos olhos! Você acabou de fazer a experiência, me parece.

– Sim, é verdade.

– Veja: não existe fatalidade senão na medida de nosso próprio fatalismo. O mundo é imperfeito e a violência está presente na natureza, é claro; mas nós não somos obrigados a concentrar nossa atenção nisso. Temos o poder de controlar nossa vida e nossa visão do mundo. Todos temos dentro de nós a energia necessária para escapar à gravidade e ganhar altitude...

No banho

– Dormiu bem, Senhor?

– Não, como sempre.

– Então, o Sr. viu aquela exposição de fotos?, continuou Antoine.

– Sim, não era ruim. Infelizmente só pude fazer a metade da volta ao mundo. Um pobre coitado veio conversar comigo.

– Um pobre coitado?

– Você sabe, um mendigo. É incrível o que existe na cidade! Esse lá era um tanto especial. Veja bem: não me pediu nada. Até recusou, quando eu quis dar-lhe alguma coisa.

– É realmente curioso.

– O mais engraçado é que ele não me parecia ter nenhuma vergonha de sua sorte. Até se gabava: afirmou-me que difundia a generosidade.

– O Sr. quer dizer que ele estava contente com sua situação? É incrível: tantas pessoas ricas descontentes e este mendigo que está feliz por nada possuir... Isso dá o que pensar, não?

– Penso que esse sujeito não batia bem da cabeça. Sempre achei ingênua a lengalenga do dinheiro e da felicidade. A gente precisa de dinheiro para comer e vestir-se, não é?

– O Sr. tem razão. Por outro lado, o que é o dinheiro diante da saúde, do amor, da amizade, da autoestima?

– Sabe que não sei? Eu sempre tive dinheiro!

– Desculpe-me, Senhor, mas talvez esteja aqui o seu problema.

– O que você quer dizer?

– Sua fortuna o poupou do esforço, enquanto a alegria de viver vem geralmente da satisfação de realizar alguma coisa. Ao pobre falta ouro, mas ao rico às vezes falta chumbo: um bom lastro de chumbo pode dar peso e substância à sua vida.

– Se bem entendo, eu estaria levando uma vida superficial, é isso?

– Falta ao Sr., na verdade, um pouco de profundidade: o Sr. tem uma banheira de mármore branco, mas não é capaz de regular a água de seu banho...

– Até você! A água está sempre quente demais! Todas as manhãs tenho a impressão de ser uma lagosta...

– Sei. Eu faço de propósito.

– O quê?

Isso já era demais! E esse atrevido o confessava ainda por cima! Quando seus pais estavam vivos, semelhante afronta teria acarretado uma demissão imediata. Seu pai não suportava a impertinência dos criados. Não. Realmente, não havia mais respeito. É a isso que levava a gentileza...

O mordomo continuou, com a segurança que lhe dava o fato de estar com a razão:

– Peço que me desculpe, Senhor, mas eu queria ver se, diante de uma pequena contrariedade, o Sr. ainda seria capaz de encontrar a solução: simplesmente abrir a torneira de água fria. Mas isso nem sequer passou pela sua cabeça, não é?

– Claro que não, porque esse é o seu trabalho!

– Meu trabalho, Senhor, é facilitar-lhe a vida. Não viver a sua vida. Cabe ao Sr. apreciar o valor de sua existência!

– Decididamente, todo mundo dando seu sábio conselho. Primeiro esse mendigo. Agora você...

Quem será o próximo?, perguntou-se Jean-Jacques. *O carteiro, os lixeiros?* Onde foi parar o respeito para com a sua pessoa? O dinheiro não bastava?

– O Sr. está errado, continuou o mordomo: é o Sr. que deseja mudar. Eu nada mais faço do que responder às suas expectativas. É o *Sr.* o catalisador de sua vida!

Visto assim, concordo, disse Jean-Jacques consigo mesmo. *Contanto que se salvem as aparências*... Tranquilizou-se e resolveu jogar limpo. Seu mordomo, afinal, pedira desculpas e parecia saber muito sobre a vida. Mais que ele, em todo caso. Suspirou:

– Fazer o quê! Estou tão acostumado a deixar-me levar que já não sei mais muito bem como enfrentar a vida. Nem mesmo sei o que desejo realizar ou mudar...

– Ora, reflita. Sente-se na calma da natureza e passe em revista seus sonhos.

– Meus sonhos? Como estar sempre com Hélène ou ter podido criar aquele filho?

– Um filho, Senhor?

– É um episódio doloroso sobre o qual não quero me estender, continuou Jean-Jacques, aborrecido por ter de repente falado demais.

– Como quiser, Senhor. Em todo caso, eu me referia aos seus sonhos e não aos seus desgostos.

– Ah! Sei... E você, Antoine, com que você sonha?

– Eu sonho, Senhor, em prolongar meu sonho.

– Você quer dizer que está vivendo seu sonho?

– É isso. Cheguei a um nível em que me contento com o que tenho. Na juventude, meu sonho era viver numa casa luxuosa, ter um carro bonito, uma família carinhosa... Na verdade, o sonho clássico da juventude. Tudo isso eu o realizei por volta dos trinta anos. Depois minha mulher morreu e me dei conta de que tudo na vida é impermanente e que minhas experiências seriam sempre mais belas que minha fortuna. Vendi minha casa e pedi demissão de meu emprego.

– Mas por que escolheu este trabalho de mordomo?

– "*Ich dien*".

– O quê?

– "*Ich dien*: eu sirvo". Era a divisa do príncipe de Gales[9]. Existe melhor maneira de ser útil do que servir?

– Sem dúvida! Mas você, na verdade, só é útil para mim e eu não penso ser um modelo de virtude nem um necessitado...

– Isto torna minha tarefa tanto mais respeitável.

– O que você quer dizer?

– Que qualquer emprego, com o correto estado de espírito e uma motivação apropriada, pode transformar-se em sacerdócio.

– Realmente, eu não o imaginava tão sábio!

---

9. Dale CARNEGIE. *Comment dominer le stress e les soucis*. Flammarion, 1993, p. 145, edição revista de *Triomphez de vos soucis*, escrita em 1944.

– Todos nós estamos cercados de pessoas extraordinárias, mas geralmente estamos por demais açambarcados por nosso ego para tomar consciência disso. Não falo por mim mesmo, pode ter certeza; eu não passo de um humilde mordomo... Mas posso dar-lhe um conselho, Senhor? Procure novamente esse mendigo. Algo me diz que ele tem muita coisa a lhe dar...

Livro 2

O despertar

O Livrinho azul

A bibliotecária saiu novamente da sala – Samuel insistiu para que desta vez deixasse a porta aberta – e voltou alguns instantes mais tarde com uma enorme pasta e um livrinho que ela colocou delicadamente sobre a mesa. Exteriormente, o aspecto não era lá essas coisas: um banal formato de bolso, capa azul e cerca de cinquenta páginas. Sem nome de autor, sem título, sem editor.

– Não muito apropriado para sessões de autógrafos, arriscou Samuel.

Ela não deu atenção à brincadeira e começou por enunciar as regras. Estas eram muito simples:

> Em primeiro lugar, nunca falar do livro.
> Em segundo lugar, respeitar a primeira regra.
> Em terceiro lugar, se apesar de tudo se falou dele, sustentar que nunca se falou.

– E, em quarto lugar, nunca mais falar com aqueles com os quais supostamente não se falou?

– Não zombe destas regras, por favor. Elas são necessárias por enquanto. Espero um dia poder distribuir este livro para o maior número possível de pessoas, mas hoje isso seria prematuro. É preciso primeiro que estourem muitos escândalos. Nós trabalhamos igualmente nisso...

– Ora, o que há de tão subversivo neste livro?

– Numerosas ideias: as nossas e as que você trará.

– Trata-se, então, de uma espécie de filosofia?

– Sim! De filosofia da vida! Mas não tenha medo: você não terá nenhuma dificuldade em lê-lo. Você corre até o risco de ficar decepcionado pela simplicidade do texto. Mas não se deixe iludir e lembre-se da sua reação há pouco diante do poder das palavras. Você precisará cavar um pouco para chegar até à raiz das ideias. De resto, é muito importante que você não comece um novo capítulo antes de ter assimilado corretamente e posto em prática os preceitos do capítulo anterior.

– Por quê?

– Para não permanecer um *leitor* por toda a vida! Bom! Tem outras perguntas?

– Apenas uma centenazinha...

Samuel tentou saber mais, mas chocou-se contra respostas enigmáticas. Realidade ou encenação, o livro estava cercado de mistérios.

Quem era o autor? – Eles não sabiam: o livro fora encontrado há cerca de dez anos.

Quem era o editor? – Era a organização deles que o imprimia e o distribuía.

A quem? – Às pessoas consideradas aptas.

Segundo quais critérios? – Certa maturidade mental e uma capacidade de abertura aos outros.

Por que ele? – Ela confiara na própria intuição e esperava não ter-se enganado.

Qual o risco que ela corria? – Alguns aborrecimentos sem importância.

Quem eram eles? – Eram *atores*.

Donde vinham? – Do estado de *leitor*.

Todos os *leitores* tornavam-se *atores*? – Até o momento, sim.

Quanto tempo isso levava? – O tempo necessário.

Quantos eram eles? – Sempre mais numerosos, mas ainda não o suficiente para fazer evoluir radicalmente as coisas...

Quem os dirigia? – Sua própria consciência.

Quem os financiava? – O autor havia deixado uma importante soma de dinheiro com suas instruções.

Que instruções? – Mudar o sistema e nossa visão do mundo.

Durante a discussão, Samuel tentara examinar o livro. Ela o havia interrompido no mesmo instante: "Não aqui, nem agora!" Ninguém deveria estar presente quando ele o consultasse. Esta obra pertencia a ele e exclusivamente a ele. No futuro ele seria certamente autorizado a difundir a mensagem, mas por enquanto devia estudá-la e fazer suas provas.

Ela tomou a pasta, folheou-a durante alguns minutos com lentidão calculada, depois mostrou a Samuel a página que lhe dizia respeito. Um calafrio percorreu-lhe a espinha: suas coordenadas completas figuravam ali – nome, endereço, data de nascimento e até uma fotocópia de sua carteira de identidade. Sem sombra de dúvida, os fichários da biblioteca serviram muito bem. "Para o caso de as coisas derraparem", justificou-se ela.

O que aconteceria então? – Ele ficaria sabendo em breve.

E se ele se recusasse? – Era tarde demais, o processo já estava iniciado. Não o havia ela advertido antes de entrar?

E se ele os denunciasse? – Por qual motivo: porque desejavam mudar o sistema? Mas ninguém acreditaria nele! Não. Isso não era realmente do interesse dele.

Qual era o interesse dele? – Seguir os conselhos do livro.

E para chegar aonde? – À vida que ele iria escolher.

E depois? – Como todo mundo, para a morte.

A morte? – Sim, a morte. Não estava ele ao par de que a vida era mortal?

Após esta última resposta, ela levantou-se e pediu que Samuel a acompanhasse até à saída. Ele sabia o suficiente e o livro lhe forneceria respostas até muito mais essenciais. Ela o despediu na soleira da porta:

– Até logo, rapaz. Trate de estar à altura: seu futuro depende de você!

Um sábio

Jean-Jacques resolveu seguir os conselhos do mordomo. Às favas o que poderiam pensar os outros! O que ele iria aprender deste mendigo valia aliás muito bem o risco de ser catalogado como "generoso" por alguns ingênuos...

Reencontrou-o sem dificuldade. Estava sentado sob o pórtico ao lado de um magnífico labrador negro. Jean-Jacques tirou uma nota da carteira e aproximou-se:

– Bom-dia, disse ele colocando a nota na escudela. Desta vez, o Sr. não pode recusar meu dinheiro. Ainda não me deu nada.

– Não se iluda, respondeu o mendigo, eu já lhe dei muita coisa. Esta manhã, por exemplo, você pensou em mim e se sentiu bem. Você também veio aqui expressamente para me ver. Portanto, enchi seu coração e sua agenda... Mas aceito seu dinheiro com alegria, porque não esperava por isso: sempre se deve aceitar as ofertas e os dons da vida.

– Eu estava com medo de não encontrá-lo. O Sr. poderia ter mudado de lugar.

– E o que você teria sentido neste caso?

– Frustração com certeza, remorso, arrependimento por ter partido tão depressa ontem, por não ter pensado em perguntar-lhe onde estaria nos dias seguintes...

– Tudo isso porque a vida não correspondia exatamente às suas expectativas? Se eu não tivesse estado aqui, você teria feito outras cosias e talvez teria encontrado a mulher de sua vida. Quem sabe? Angustiar-se com o que acontece é perda de tempo e de energia. Se você me perguntar onde estarei amanhã, eu não lhe responderei. Como poderia? Tanta coisa pode acontecer! Mas não se preocupe: se é para encontrar-nos, nos encontraremos. Já nos encontramos duas vezes...

– Sim. Mas a primeira vez foi por acaso...

– Acaso, lógica, sorte ou azar, quem sabe? Deixe que eu lhe conte uma história:

> Há muito tempo, um fazendeiro criava cavalos num rancho nos Estados Unidos. Certo dia, seu mais belo garanhão fugiu. O vizinho exclamou então: "Que azar, que azar!" Mas o fazendeiro deu de ombros e respondeu: "Sorte ou azar, quem sabe?" Alguns dias depois, o garanhão voltou acompanhado de uma soberba potranca. O vizinho exclamou: "Que sorte, que sorte!" O fazendeiro deu de ombros e respondeu: "Sorte ou azar, quem sabe?" Ao tentar montar a potranca, o filho do fazendeiro quebrou uma perna. O vizinho exclamou: "Que azar, que azar!" O fazendeiro deu de ombros e respondeu: "Sorte ou azar,

> quem sabe?" Alguns dias mais tarde, um general passou pela região para recrutar os homens válidos para uma guerra impopular. O filho foi isentado por causa da fratura...

– É uma história engraçada...

– Sim. E é uma história verdadeira: nós nunca saberemos o que acontecerá nem as consequências do que acontecerá. Apenas podemos orientar os acontecimentos ou deixar que corram no bom sentido...

– Como assim?

– Pois bem! Imagine que o fazendeiro se tivesse deixado abater com a notícia do desaparecimento do garanhão. Durante dias, estaria ocupado em maldizer o destino e o seu azar, em insultar a cerca muito baixa, em lamentar-se por não ter amarrado o cavalo... O garanhão teria acabado voltando, mas talvez tivesse encontrado o fazendeiro morto de tristeza. Quanto a você, se não me tivesse encontrado e tivesse deixado seus sentimentos negativos invadirem sua mente, você se teria fechado ao mundo exterior e teria desperdiçado uma parte do seu dia.

– Mas como o Sr. pode dizer uma coisa destas? Eu, pelo menos, me mexo, saio, estou em contato com o mundo... É normal que eu seja afetado por sentimentos contraditórios e que a alegria alterne com a tristeza. É fácil permanecer sereno quando se passa o tempo sentado por terra sem fazer nada!

– Será que tenho a aparência de um eremita em plena meditação? Você estaria enganado se pensasse que não estou também às voltas com os problemas da vida. Todos nós estamos, mas no nível que escolhemos. Você, por exemplo, tem medo de si mesmo, e por isso vem trazer-me seus problemas. Você espera que eu possa ajudá-lo a resolvê-los. Não cuspa no prato onde você comeu: eu não lhe pedi nada e foi de livre vontade que você veio procurar-me!

– Desculpe.

A discussão acabava de tomar um rumo desagradável. Jean-Jacques, ajoelhado para discutir melhor, levantou-se de repente. Pensou em parar por aí. Este mendigo, talvez tivesse razão, mas não passava de um mendigo e era preciso não exagerar. Ele não viera para receber uma lição de moral. *Medo de si mesmo?* Por que diabos teria ele medo de si mesmo?

O mendigo notou a irritação de Jean-Jacques e emendou:

– Aceito seu pedido de desculpa e o aprecio. Você parece ter um bom potencial de crescimento, porque se desculpa rapidamente. É um bom sinal. Espero apenas que você consiga também perdoar-se a si mesmo.

– O que o Sr. quer dizer?

– Pedir desculpas aos outros é coisa muito simples. O verdadeiro desafio consiste em aceitar seus próprios erros. Você não sente raiva de si mesmo por ter-me dito o que disse?

– Raiva não. Mas me considerei um imbecil quando me dei conta de ter dito uma asneira. Não gostei de ter que pedir desculpas. Tive a impressão de que isso me rebaixava...

– Sim. É esse o problema. Gostamos de considerar-nos perfeitos e dificilmente admitimos nossos erros. Mas, bem lá no fundo, todos nós sabemos de nossa imperfeição. Por que, então, rejeitar nossa natureza? A compaixão, antes de servir aos outros, deveria voltar-se para nós mesmos: "Não sou um deus, mas um ser humano. Obrigado por estes erros que revelam minha humanidade". Assim, evitaríamos jogar lenha na fogueira: deixaríamos de ficar chateados com o que é normal, por ser natural.

– Sim. Mas, se me perdoo continuamente meus próprios erros, corro o risco de nunca progredir, protestou Jean-Jacques.

– Aceitar os próprios erros não significa estar satisfeito com eles. Você se imagina tão chorão como ao nascer? O ser humano nunca cessa de realizar-se. Isso também faz parte de sua natureza. É preciso escalar uma montanha para desfrutar um panorama.

– Pois bem! Então, por que o Sr. não muda de lugar? Não se sente tentado por novas experiências, novos horizontes?

– Mas cada instante de minha vida *é* uma nova experiência! Não é necessário agitar-se em todas as direções para viver outra coisa... Aliás, mexer-se demais nos impede muitas vezes de ouvir as mensagens do nosso coração...

– E o que é que seu coração lhe diz neste momento?

– Ele está contente porque o "Clube da generosidade" conta com mais um membro. Um membro importante.

– Eu? Grande diferença!

– Deixe de julgar tudo globalmente! Um escalador que olhasse continuamente as pessoas que ficaram lá embaixo não veria os grampos onde agarrar-se e não conseguiria escalar. Concentre-se antes sobre suas próprias ações e deixe os outros em paz. Não dizia Madre Teresa: "Não procure ações extraordinárias. O importante é que você dê espontaneamente"? Ela entendia de generosidade, não acha?

– Sim. Mas ela morreu... e continua havendo favelas em Calcutá.

– Sem dúvida. Mas ela, pelo menos, deve ter vivido! E pergunte às crianças que ela acolheu, cuidou, educou e amou se elas não sentiram a diferença! Não fazer nada porque não se é capaz de fazer tudo é uma desculpa muito ruim... Bem! Haveria muito a dizer, mas preciso ver outras pessoas e está ficando nublado. Não venha amanhã nem depois de amanhã: não estarei aqui para você. Vá antes encontrar os velhos e os doentes. São excelentes pedagogos da vida...

Primeira regra de vida

Samuel voltou logo para casa. No fundo do bolso, o livrinho queimava-lhe o coração e a mente. Estava ao mesmo tempo impaciente e nervoso por descobri-lo. O que aconteceria se ele não respeitasse as regras? A bibliotecária lhe dissera que eles não eram numerosos, mas a pasta onde figurava sua matrícula comportava já algumas centenas de páginas escurecidas. O que mais o inquietava: havia notado que algumas delas, riscadas de vermelho, traziam a menção "Suprimido(a)". Tentou controlar sua imaginação, mas só o conseguiu pela metade...

Entrou em seu amplo-cômodo-único-encaixado-no-sótão, passou o ferrolho e correu a cortina. *Meus primeiros gestos de paranoico*, disse para si mesmo.

Sentou-se à mesa e abriu delicadamente o livro. Na página de rosto leu:

> Para Samuel Deboud, n. 341
> Da parte de Élisabeth Persigny, n. 7

E ao pé da página:

> Se você encontrar este livro, favor destruí-lo.
> Ainda não se destina a você.

Na segunda página havia uma citação de Goethe: "Cinzenta é a teoria, verde é a árvore da vida" e uma advertência: "Você que lê este livro, não se esqueça donde ele vem, nem ao que ele se destina".

– Está bem, está bem! Captei a mensagem, praguejou Samuel. Serei um gentil *leitorzinho* e porei em prática evidentemente cada uma das suas brilhantes sugestões. Mas para isso é preciso primeiro que os Srs. me provem que não se trata de uma mistificação...

Virou a página. Lá estavam lembradas as três regras.

Continuou e leu: "Primeira regra de vida". Decididamente, eles tinham um dom especial para as regras e os regulamentos! Mas quem se julgavam eles para querer dirigir assim a humanidade?

Sua mão tremeu levemente, no entanto, ao passar para a página seguinte. Estava em branco, com exceção de um pequeno poema:

> Liberdade de ser generoso,
> De partilhar, tornar feliz.
>
> De ao estranho oferecer seu coração,
> Aos indigentes seus valores.
>
> Isso o sábio transmitiu:
> Ele receberá, será curado.

Virou a página: não havia mais nada! Aliás, havia sim, havia algo, mas este "algo" o deixou perplexo. No alto à esquerda estava escrito: "Viva e anote aqui sua caminhada e suas reflexões. Este é seu Livro da vida". Seguiam-se seis páginas em branco e depois a "Segunda regra de vida" precedida da advertência de costume: "Não ler, a não ser depois de ter aplicado a Primeira regra de vida".

Samuel estava desconcertado. Tudo aquilo para isso! Seis versos sobre a generosidade! Era isso que iria revolucionar sua vida? Além do mais, este poema chinfrim não tinha visivelmente nenhum sentido: O que se poderia receber dando? Uma dose de boa consciência? Iríamos para o céu como pregam esses bravos católicos? Semelhante generosidade seria muito hipócrita... E curado de que, afinal?

E mais: o que podia ele dar, ele que já não tinha dinheiro? Um sorriso, uma palavra? Isso não adiantaria grande coisa para os mendigos! Aliás, o melhor para estes era fazer como ele e procurar trabalho! Era apenas uma questão de vontade!

Apenas uma questão de vontade? Seria realmente tão simples? Samuel lembrou seu encontro desestabilizador com a bibliotecária: a maneira como ele havia perdido as estribeiras, como sua imaginação havia triunfado sobre sua vontade. Se ele não havia conseguido controlar-se, como poderia exigi-lo de alguém mais miserável do que ele?

Uma acolhida glacial

Só me resta ir ao encontro de um velho doente, disse para si Jean-Jacques, *isso me fará ganhar tempo*. Mas ganhar tempo para fazer o quê? Aliás, que conselho mais bizarro: ele estava procurando o bem-estar, e eis que o "seu" mendigo o mandava ao encontro dos "prestes a morrer" e dos "ainda não curados"... Sem dúvida tratava-se de um exercício de generosidade. Mas por que o mendigo os havia apresentado a ele como "pedagogos da vida"?

Jean-Jacques começou a sentir afeição pelo personagem. Era a primeira pessoa que ele conseguia ouvir sem ter vontade de cortar-lhe a palavra. As pessoas falavam demais. Semeavam suas opiniões para todos os lados, com uma predileção pelos campos dos outros. Mas raramente colhiam alguma coisa.

Jean-Jacques pediu ao mordomo que lhe recomendasse um hospital. Os doentes das clínicas particulares tinham dinheiro e, portanto, certamente visitas.

– Tenho um primo internado no Hospital Semmelweis[1], respondeu Antoine. Fica a uns dez minutos de carro.

– Você o visita frequentemente?

– Infelizmente não, Senhor.

– Bem! Então vamos juntos!

– Mas ainda tenho muito trabalho...

– Deixe para mais tarde. Seja como for, você faz um excelente trabalho. Além disso, lembro-lhe que foi você que disse para eu voltar a ver esse mendigo. Assuma agora todas as consequências...

A conversa no carro girou em torno do mendigo filósofo e de sua atividade. Antoine explicou-lhe que, no Senegal, os discípulos de uma confraria muçulmana tornavam-se mendigos a fim de aprender a humildade e o ascetismo[2]. Da mesma forma, na Ásia, alguns monges budistas mendigavam sua refeição diariamente. A mendicância, portanto, estava longe de ter em toda parte um sentido negativo. Jean-Jacques perguntou-lhe donde ele tinha todas estas informações, mas Antoine esquivou-se da pergunta dizendo que tinham chegado, o que era exato.

---

1. Quando o médico húngaro Semmelweis escreveu, em meados do século XIX: "As mãos, pelo simples contato, podem infectar", foi alvo de troça da parte de seus colegas. No entanto, graças a uma melhor higiene, ele fez a mortalidade no pavilhão de parto onde trabalhava cair de 33 para 0,23%! Não obstante, seu patrão conseguiu mover toda a Faculdade de Medicina contra ele. Nenhum grande professor estrangeiro da época quis acreditar na descoberta de Semmelweis. Ele foi demitido em 1849 e morreu num asilo de loucos em Viena em 1865.

2. Os talibés, membros da confraria mourida. Em nossos dias, porém, devemos deplorar numerosos abusos envolvendo na mendicância crianças pequenas.

Entraram no saguão do hospital e dirigiram-se à recepção:

– Bom-dia, Senhora, disse Jean-Jacques. Vim ver um doente.

– Sinto muito, mas ainda não é horário de visitas: o Sr. deve voltar após o meio-dia.

– Não se pode ver os doentes durante a manhã?

– Infelizmente, não. Os doentes precisam de repouso...

– Mas nem todos, convenhamos: deve haver alguns que procuram distração!

– Distração? Quem o Sr. vem ver?

– Ainda não sei... Alguém que recebe poucas visitas, se possível.

– Espere. O Sr. quer dizer que não conhece ninguém neste hospital?

– Eu não. Mas meu mordomo tem um primo doente aqui...

– O seu mordomo? Está gozando de mim ou o quê?

– Não, não. Estou falando sério. Um mendigo aconselhou-me a vir ver os doentes. Ele me disse que eles teriam prazer em receber visitas...

Pela cara da recepcionista, Jean-Jacques compreendeu que teria feito melhor em calar-se. A resposta foi mordaz:

– Isso, Senhor, é ao doente que se deveria perguntar! Mas, se o Sr. não veio ver ninguém em particular, não deveria melindrar-se por não ver ninguém em particular...

Jean-Jacques ficou vermelho de raiva. Essa imbecil de uma recepcionista zombava dele! Ele, que só queria prestar serviço. Era de perder a vontade de ser generoso! Mas ele não pretendia engolir tudo passivamente. Tinha uma missão a cumprir:

– Escute! Eu vim aqui expressamente e tenho certeza que minha visita será apreciada. E se isso não lhe agrada, queira, por favor, chamar-me *illico*, seu chefe.

– Ele não se chama *illico* e é o Sr. que vai me ouvir: se o Sr. chega fora do horário de visitas, é problema seu! Talvez o Sr. esteja acostumado a ser servido por mordomos e a ouvir mendigos, mas aqui o Sr. está num hospital público, onde há normas e um regulamento a respeitar.

– Justamente. Quem diz serviço público diz a serviço do público!

– Nosso papel é proporcionar cuidado aos doentes, e não organizar encontros entre desconhecidos. Há outros lugares para isso! Até logo, senhores!

Uma vez fora do hospital, Jean-Jacques voltou-se para o mordomo. Furioso contra si mesmo, pôs logicamente a culpa num outro:

– Passei realmente por um imbecil. Você não podia ter-se informado sobre os horários de visita, não?

– Sinto muito, Senhor, mas raramente vou ao hospital e eu não sabia o que o Sr. queria fazer aqui.

– Sim. É verdade. Eu podia tê-lo informado, retratou-se Jean-Jacques. Bom! Esqueça! Ainda assim, quando penso nessa funcionariazinha e no seu tom arrogante... Eu devia tê-la colocado em seu devido lugar...

– Desculpe-me a liberdade, Senhor. Mas ela estava no seu lugar, não estava?

– O que você quer dizer?

– Ora! Ela não fez senão aplicar o regulamento do hospital, estava obedecendo às diretrizes.

– Mesmo assim, não foi muito delicada!

– Talvez o Sr. devesse ter evitado falar de distração e de mendigo. Se o Sr. estivesse no lugar dela, não teria também achado isso esquisito?

– Sim, talvez. Mas eu não conhecia ninguém e precisava explicar o motivo de minha visita...

– Ouça, Sr. Veja o que lhe proponho: eu volto para explicar o comportamento do Sr. e aproveito para pedir informações sobre meu primo.

– Se quiser, está bem. Mas eu não me sinto mais disposto a dar colo aos doentes...

– Então, vou deixar marcada visita para o Sr. amanhã à tarde. O que acha? Espere-me no carro. Não demoro mais que cinco minutos...

Jean-Jacques preferiu ficar ao ar livre. Esta proximidade com tantos doentes enclausurados o deixava constrangido. Pelo que se lembrava, era a primeira vez que punha os pés num hospital. E não foi uma experiência brilhante. Ficava doente só de pensar nisso!

Antoine retornou depois de dez minutos:

– Está resolvido. Marquei para o Sr. uma visita amanhã às 17h. Expliquei o motivo de sua visita e eles terão prazer em recebê-lo. A recepcionista pede desculpas por sua acolhida um tanto rude. O Sr. sabe, as administrações geralmente têm dificuldade em lidar com os imprevistos: elas preferem saber antecipadamente. Isso lhes permite manter o sentido de seus procedimentos...

– Muito obrigado. Você poderia também telefonar para uma casa de repouso? Eu gostaria também de passar ali algumas horas amanhã de tarde.

– O motivo é o mesmo?

– Sim. Ir ao encontro dos outros para tentar encontrar-me a mim mesmo...

Um mendigo muito prático

Samuel saiu, resolvido a não perder tempo, a pôr imediatamente em prática sua primeira *regra de vida*. Havia um mendigo no caminho para a biblioteca. Esse mendigo vinha a calhar...

Várias vezes Samuel hesitara, mas nunca havia parado. Tivera medo de, revelando seus sentimentos, comprometer sua aparência de jovem forte. Desdenhara voluntariamente a própria compaixão a fim de melhor encaixar-se no modelo. Durante anos, esforçara-se para blindar seu coração, para ser forte e combativo, para desviar o olhar a fim de esquecer, numa fração de segundo, os sintomas irrefutáveis da miséria social. Isso mudaria: ele iria retomar o controle de sua humanidade!

Tomou a carteira, escolheu uma moeda e aproximou-se do mendigo:

– Tome, meu caro...

– Não é suficiente!

– Desculpe, como disse?

– A sua moeda. Ela não é suficiente!

– Como assim, não é suficiente? O Sr. devia ficar satisfeito com o que lhe dão!

– Mas eu estou muito satisfeito. Você é que não vai ficar.

– Mas o que é que o Sr. está dizendo?

– Eu vi você hesitar entre centavos e euros. E acaba dando-me centavos. Isso não é suficiente: mais tarde, você irá se arrepender de não ter sido bastante generoso. Quando se hesita, é preciso sempre dar o valor maior. Não se deve nunca ser sovina com a generosidade.

– Eu dou o que posso dar. E quem lhe deu liberdade para me chamar de você? Não estou entendendo esta familiaridade fora de propósito.

– Chamo-o de você, porque você está de pé e eu estou sentado no chão, porque você pertence à sociedade e eu estou excluído dela: assim crio um elo entre duas posições opostas. Você considera o fato de eu chamá-lo de você uma falta de respeito, ao passo que eu simplesmente tento colocar-me no seu nível. Ao aceitar isso, ao não se considerar superior, ao não esperar de minha parte sinais de consideração, você também mostra generosidade em relação a mim. Eu lhe dou até mais por seu magro dinheirinho...

Samuel estava confuso. Eis que um vagabundo lhe ditava o que devia fazer. Tinha vindo para dar, e não é que estava recebendo?

– Você parece perplexo, disse o mendigo.

– Eu estava me perguntando como é que o Sr. pode saber tantas coisas.

– Em outras palavras: mais que você... E isso o incomoda, porque eu estou no chão. Mas veja: seja qual for minha situação presente, já vivi, a julgar pela minha idade, pelo menos o dobro de você. Não seria curioso que eu não tivesse aprendido nada com o tempo? E outra coisa: enquanto mendigo, não é normal que eu seja perito em generosidade?

– O Sr. não foi sempre mendigo, não é?

– Por acaso nasce-se mendigo? Ou médico? Ou advogado? Por acaso existem genes que predispõem para ser diretor de empresa ou operário? É claro que não fui sempre mendigo. Mas, dentre todas as minhas experiências, devo dizer que é a atividade que me traz mais satisfação e também mais bem-estar...

– Quer dizer então que o Sr. entende de bem-estar?

– Se o conhecimento vem da prática, então sim, entendo um pouco. Mas parece que hoje em dia valoriza-se sobretudo a teoria. As pessoas leem livros, mas esquecem de pôr em prática o que leram... Não é verdade?

Pelo sorriso maroto do mendigo, Samuel compreendeu que esta observação era dirigida a ele. O mendigo devia ter observado suas idas e vindas com os livros da biblioteca. Tentou defender-se:

– Será que não é possível conjugar as duas coisas? A teoria e a prática?

– Sem dúvida, já que isso não tem nada a ver! Pode-se gostar do mar sem nunca ter tomando banho nele. Pode-se saber o que fazer e optar por não fazer nada.

– Ou nada poder fazer...

– O ser humano sempre pode fazer alguma coisa, se ele escolher bem o seu nível e não se julgar em comparação com os outros, mas à luz e segundo a escala de seus próprios valores. O bem-estar e o bem-viver são questões de responsabilidade e de engajamento pessoal.

– Certo! Mas como defini-los?

– Cada pessoa os experimenta à sua maneira, mas creio que eles repousam essencialmente sobre uma mente serena, sobre a ataraxia. Não se trata, neste caso, de fazer um vazio na mente ou de desligar-se do mundo, mas antes de aprender a aceitar melhor as contrariedades naturais da vida. A vida é dura a partir do momento em que a consideramos assim. Quanto a mim, prefiro considerá-la flexível, uma espécie de trampolim: existem altos e baixos, ou seja, às vezes a gente sobe e outras vezes a gente desce, mas é porque eu desço que torno a subir. Assim, a serenidade é um sentimento muito dinâmico, baseado num estado de contentamento com o que se é, com o que se tem e com o que se faz. Deixe eu contar-lhe uma história:

> Era uma vez uma pequena aldeia africana. A fonte de água situava-se a alguns quilômetros apenas e os habitantes da aldeia, gratos por este acaso favorável, viviam na maior alegria. As mulheres encarregadas de buscar a água gozavam de grande prestígio: todos os dias elas distribuíam a vida à comunidade. Salomé, muito hábil, levava sempre duas bilhas: uma estava em perfeito estado, mas a outra, um tanto gasta, perdia água. Esta bilha, envergonhada com suas rachaduras, perguntou-lhe certo dia:
>
> – Por que você não escolhe uma bilha que rende mais? Você não vê que desperdiço água, que não cumpro com minha missão? Quando chego à aldeia, estou meio vazia.
>
> – Melhor dizendo: meio cheia, respondeu Salomé. Mas vem comigo.
>
> Salomé tomou a bilha sob o braço e a levou pelo caminho da fonte:
>
> – Quando volto, trago sempre tua amiga no lado direito e você eu carrego no lado esquerdo. Agora, olha para o chão. A bilha olhou. No lado direito só havia poeira. Mas no lado esquerdo havia flores...

– É uma história bonita, reconheceu Samuel.

– E qual a mensagem, na sua opinião?

– Bem! Que nossos defeitos às vezes acabam sendo qualidades!

– Sim. Mas também que todos nós somos bilhas, acrescentou o mendigo rindo. Bilhas que se concentram sobre os próprios defeitos e não cessam de comparar-se com os outros. Como você quer ser sereno nestas condições? Por que não nos inclinarmos antes sobre *nossas* flores? Por que não levar a vida com filosofia?

Decididamente, é minha semana, divertiu-se Samuel. *O que será que todo mundo tem com sua filosofia? Está em promoção ou o quê?*

O mendigo continuou:

– "A filosofia é uma atividade que, através dos raciocínios e das discussões, proporciona a vida feliz", dizia Epicuro[3]. Você conhece a doutrina dele?

– Privilegiar os próprios sentidos e os próprios prazeres?

– É um pouco mais sutil do que isso. Veja bem. O epicurismo é uma doutrina essencialmente moral. Baseia-se na ideia de que o bem é fácil de obter, enquanto o mal é fácil de suportar.

– Puxa vida! Fantástico!

– Isso surpreende, não é? Para Epicuro, o bem-estar é facilmente acessível na medida em que não depende senão de nós mesmos: ele nasce do conhecimento de nossas verdadeiras ne-

---

3. De acordo com Sexto Empírico, que o cita. Introdução de Jean-François Balaudé em *Épicure, Lettres, maximes, sentences*. Livre de poche, 1994, p. 26.

cessidades e do aprendizado da ponderação. Resumindo: justamente o contrário daquilo que a sociedade de consumo promove.

– Saber contentar-se com um copo de água?

– Por exemplo. Mas Epicuro não diz com isso que é preciso recusar o bom vinho se este aparecer. Trata-se simplesmente de não deixar este bom vinho orientar ou ditar nossa vida.

– E como os males são fáceis de suportar?

– Essencialmente pela ação do pensamento. Uma dor física pode ser combatida por um prazer nascido da alma, por um pensamento positivo, pela recordação de um bom momento...

– Ou pela distração?

– Com efeito, enquanto discuto, não vejo o tempo passar e esqueço minhas dores nas pernas.

– O Sr. sente dor nas pernas?

– É o problema da minha profissão: fico muito tempo sentado no chão. Existem duas maneiras de ter dor nas pernas: andar demais ou não fazer exercício suficiente. A saúde situa-se na moderação e na prudência.

– O tédio também...

– Não. Não, se nos lembrarmos dos princípios de Epicuro. É necessário pensar para entediar-se, seja pensar em outra coisa ou pensar em agir. Na ação nunca existe tédio!

– É uma teoria interessante.

– É sobretudo uma prática! O conhecimento teórico não basta, é preciso pôr em prática! Todo mundo sabe que a generosidade é uma virtude, mas só aqueles que dão são generosos. Os livros abrem portas, mas é preciso em seguida transpô-las.

– O Sr. desconfia, portanto, das técnicas?

– Digamos, antes, que eu as coloco em seu devido lugar. As técnicas são como humo: permitem limitar os imprevistos e apresentam um terreno propício para uma dinâmica positiva. O jardineiro, eis o exemplo perfeito: ele prefere o humo à terra bruta porque deseja flores mais belas. Mas isto não basta. Faltam ainda as condições exteriores: sol e água na quantidade ideal. Quando as circunstâncias são favoráveis, o pé de flor brota e o jardineiro epicureu está feliz. No caso contrário, por mais que o jardineiro repita: "É uma terra boa, é uma terra boa!", isso não mudará nada. E se, depois que as flores desabrocharam, ele se diz: "Como estou feliz, como estou feliz!", tome cuidado: a beleza é efêmera e as flores logo fenecerão. Faria melhor em usufruir de seu jardim *aqui e agora*, sem se colocar muitas perguntas, e deixar à natureza o lugar que lhe cabe.

– A felicidade estaria então no desprendimento?

– A felicidade não está em nenhum lugar. Ela está assim em toda parte! É uma energia que circula ao sabor das circunstâncias. Se é preferível estar sempre pronto a acolhê-la, seria inútil querer controlá-la. Se, ao abraçar uma moça, você se interroga: "Vejamos um pouco como sou feliz...", você limitará necessariamente sua experiência imediata da felicidade. Sua reflexão o desviará da felicidade da ação!

– É preciso, portanto, tomar as coisas como elas acontecem?

– Sim. Mas com a condição de colocar o máximo de oportunidades de seu lado, tomando o partido da ação. Alguém que se contentasse em ler livros de jardinagem será algum dia um jardineiro? Ele será sem dúvida menos afetado pelas intempéries, mas não verá nunca uma flor desabrochar. Cortar os laços com o mundo para não sofrer-lhe os reveses não é uma boa estratégia: para alcançar a felicidade é necessário enfrentar riscos.

– Ah! Agora a felicidade precisa de alguma coisa?

– Sim. Mas de uma coisa só: ela precisa da vida! É preciso viver para ser feliz!

– E não ser feliz para viver...

– Isso mesmo. Vejo que você compreendeu. Não passe, portanto, demasiado tempo nos livros nem na teoria, seja um *bon-vivant* e você será feliz, um bem-aventurado!

A aposentada

– Bom-dia, Senhor Trouville, nós o esperávamos.

É justamente esse o problema, pensou Jean-Jacques. *Meu nome é por demais conhecido. Eu devia ter pedido a Antoine para mentir sobre minha identidade.*

– Após o encontro com nossos hóspedes, o Sr. aceitaria tirar algumas fotos?

– Não vejo realmente o que há para imortalizar...

– Seria um prazer para nós. Só isso. O Sr. é uma celebridade, o Sr. sabe...

Ele não se lembrava mais, mas o soubera realmente. Durante anos, havia sido catalogado como "Rei da noite" e perseguido pelos *paparazzi*. A libertinagem do herdeiro Trouville impulsionava as vendas. Não eram revistas de celebridades, eram espremedores de celebridades[4]: espremiam-se as celebridade para extrair algumas revelações, espremiam-se os sentimentos para extrair algumas lágrimas, salpicava-se a matéria toda com catastrofismo e escândalos, e servia-se isso como pasto ao coitado do leitor.

– Veremos isso mais tarde. Espero que não tenha revelado minha identidade aos seus hóspedes.

– Não. Fique tranquilo. Aliás, cabe ao Sr. decidir. O Sr. prefere um homem ou uma mulher?

Ele não havia pensado nisto. Em sua mente, as pessoas idosas não tinham sexo. Eram velhos, e pronto!

---

4. No original: "Ce n'était pas de la presse people, c'était des presses *à people*" (N.T.).

– Tanto faz. Gostaria apenas de poder discutir.

– Bem. Neste caso, haveria Madame Bonnot...

ꝏ

Deixou-se conduzir no labirinto da casa de repouso e finalmente entrou num pequeno quarto banhado de sol.

– Madame Bonnot?

– Sim?

– Bom-dia. Meu nome é Jean-Jacques Bordet. A Sra. aceitaria conversar e discutir um pouco comigo?

– Já o conheço?

– Não.

– Pois bem! Sobre o que o Sr. desejaria discutir?

– Sobre o que a Sra. quiser: sua vida aqui, seu passado, sua família ou os últimos sucessos de bilheteria, sei lá! Não precisa haver um tema preciso para conversar.

– E o que o leva a pensar que eu queira discutir sobre minha vida com um desconhecido? O fato de eu ser velha não significa que eu não tenha mais princípios, o Sr. sabe.

– Desculpe, sinto muito. Não tenho costume de lidar com este tipo de situações. Se a incomodo, posso muito bem ir embora...

– Não. Fique! Afinal, tenho todo o tempo. Além disso, o Sr. parece ser um bom moço. Aliás, sua cara me diz alguma coisa...

– Não creio que nos tenhamos encontrado alguma vez.

– Afinal, que importância tem isso, já que acabamos de fazê-lo! Então, o que o traz até nós?

– Para ser franco, a ideia não partiu de mim. Foi um mendigo um tanto maluco que me aconselhou a vir ver vocês. Não a

Sra. pessoalmente, é claro, mas as pessoas idosas em geral. E o mais espantoso é que me encontro aqui.

– Ah! O Sr. veio estudar os idosos...

– Sim. Aliás, não... Não creio que a idade da Sra. seja importante. Trata-se apenas da sua situação...

– Minha situação?

– Sim. Numa casa de repouso para velhos, sem muitos contatos com o exterior... Quanto à Sra., por exemplo: sua família vem vê-la muitas vezes?

– Não desejo falar de minha família. Por que motivo o Sr. acha que esse mendigo maluco o aconselhou a nos fazer uma visita?

– Ele dizia que os Srs. são pedagogos da vida.

– Então não creio que ele seja tão maluco assim. Não teria ele um cão negro por acaso?

– Sim, de fato.

– Então entendo. Sabe? Não é a primeira vez que ele manda alguém para cá.

A revelação causou um choque em Jean-Jacques. Como! Ele não era o primeiro? Sentiu que o invadia um sentimento de raiva: esse pedinte vagabundo zombara dele! Ele fora manipulado! Imaginou a fila de espera de desnorteados da vida que vinham fazer uma visita aos velhos, as telefonistas nas centrais gracejando: "Mais um!" e as pessoas idosas, todas ao par da brincadeira...

– Alguma coisa que não vai bem?

– Não, não. Nada. Eu pensava ser o primeiro...

– Ser o primeiro, ser o melhor... Esse é um mal recorrente em nossa época... Conheço seu mendigo: é um homem sábio e de grande valor. Não existem muitas receitas milagrosas, o Sr. sabe. Então, fale-me um pouco de sua vida. O que não vai bem?

Curiosa inversão da situação! No fim, sou eu que vou falar dos meus problemas, pensou Jean-Jacques. Mas por que não, afinal? O que tinha ele a temer de uma pessoa que em breve iria morrer? E, além disso, se ela conhecia de fato o mendigo... O acaso era realmente extraordinário!

– Diga. A Sra. sabia que eu vinha?

– O que o Sr. quer dizer?

– A Sra. me diz que não sou o primeiro e que conhece o mendigo. Então me pergunto se nosso encontro se deve realmente ao acaso...

– Mas claro que não! Se o Sr. não tivesse resolvido sair de casa, não se teria encontrado comigo, não é?

– Certo. Mas, mesmo assim, é surpreendente que a Sra. conheça o mendigo...

– Surpreendente não significa ilógico. O Sr. pensa que o acaso é extraordinário, mas o acaso é sempre *extra-ordinário*: ele sai necessariamente do quadro *habitual* de nossa vida. O Sr. o considera suspeito porque ele acontece fora de seus hábitos, mas não é antes esta rotina que conviria considerar com suspeita?

– Ah!... sem dúvida, balbuciou Jean-Jacques, um pouco desnorteado por esta maneira de ver as coisas.

– Sim! A vida está cheia de surpresas, mas tudo o que nos acontece, seja um encontro, uma doença ou uma gravidez, tudo tem sua parte de lógica. Recusar a responsabilidade da nossa vida sob o pretexto de que não a escolhemos é um erro grosseiro, o Sr. sabe. Comecemos, portanto, por escolhê-la, a nossa vida, e vamos fazer todo o possível para não depender da sorte, seja esta boa ou má.

Pumba!, pensou Jean-Jacques consigo mesmo. *Não é que esta aposentada acaba de me reenquadrar legal!* Mas de todos os exemplos possíveis, por que precisava ela escolher o da gravidez? Por que precisava ela tocar justamente lá onde doía tanto?

– Mas existem casos em que não se é responsável, protestou Jean-Jacques na defensiva.

– Mas claro! O Sr. conhece uma desculpa melhor do que acreditar que somos vítimas, que os astros ou os deuses nos são desfavoráveis? Veja o que acontece na Índia: milhões de pessoas são consideradas intocáveis, párias, sob pretexto de que teriam cometido alguma falta numa vida anterior[5].

– Isso lhes permite não lamentar-se demais da própria sorte...

– Sobretudo, isso permite às castas superiores continuar desfrutando de seus privilégios impunemente. As superstições são estimuladas porque favorecem a docilidade, mas, na verdade, nós nascemos sob o signo do pastor, e não da ovelha! Evidentemente, este dado se choca com o *leitmotiv* do sistema: viver o dia de hoje sem se preocupar com o futuro. Queremos tudo, imediatamente, não aguentamos mais esperar e estamos prontos a hipotecar nosso futuro por alguns instantes de consumo compulsivo ou de glória efêmera...

– *Carpe diem...*

– Colha o dia de hoje, ou seja: aproveite o momento presente... Horácio compôs também este belo poema:

> Feliz é quem possui o dia,
> Quem, seguro de si, pode dizer:
> O que me importa amanhã, mesmo que tenha que morrer?
> Hoje vivi, profunda e plenamente.

---

5. "Os intocáveis são aproximadamente 130 milhões, ou seja, 15% da população indiana, aos quais é preciso acrescentar 65 milhões de autênticos aborígenes" (Marc BOULET. *Dans la peau d'un intouchable*. Seuil, 1994, p. 9).

– Oba! Apertar um baseado!

Jean-Jacques empalideceu ao perceber a enormidade do que acabava de dizer. *Imbecil que fui! Pronto! Estraguei tudo. Ela só pode me reconhecer... Deve certamente ter ouvido falar do caso...*

O caso... Sua vida noturna acabara brutalmente com a publicação de uma foto. Uma foto dos sonhos para todos os profissionais do escândalo, mas para ele um verdadeiro pesadelo. Aparecia no banheiro, seminu, cheirando cocaína. Não havia o que explicar. Estupefacientes? Desta feita havia deixado a família estupefata. Seu pai teve que intervir para pôr termo rapidamente às ações judiciais. Também isso se tornou público e só fez ampliar o escândalo. Foram necessárias várias semanas para apagar o incêndio. Muito mais tempo levaria até seu pai dignar-se dirigir-lhe novamente a palavra...

A aposentada olhou-o pensativamente, mas ele esquivou o olhar. *Ela compreendeu*, pensou Jean-Jacques, *mas tem a delicadeza de não me jogar isso na cara*. Após um minuto, que durou uma eternidade, ela retomou a palavra:

– O Sr. acha realmente que seja essa a mensagem de Horácio, ele que era um modelo de equilíbrio e de temperança? É fácil interpretar uma palavra fora do contexto. "Eles escondem sua devassidão no seio da filosofia", dizia Sêneca[6].

– Eu estava brincando, é claro, corrigiu-se Jean-Jacques. Mas como interpretar então o *carpe diem*?

– Ora! Como uma ode à vida. Trata-se de desfrutar o momento presente e conhecer os prazeres desse momento, mas de forma natural, *plenamente*. Não existe aqui nenhum convite à devassidão, mas, pelo contrário, um convite à razão. É em si mesmo, em sua mente, que se pode e se deve encontrar a pró-

---

6. SÉNÈQUE. *La vie heureuse*. Mille et une nuits, 2000, p. 23.

pria satisfação, e não fora ou pelo atalho de substâncias químicas. Eu possuo o dia de hoje, o momento presente, mas não sou dominada por ele.

– Belo princípio, mas como pô-lo em prática?

– O Sr. quer minha receita?

– Claro que sim, se isso não a incomoda...

– Se isso me incomodasse, já há um bom tempo o Sr. não estaria aqui! Vejamos... Ei-la: "Respeite e siga sua natureza boa".

– Desculpe, mas nossa natureza poderia também ser má, não é? Parece que vi alguns argumentos na mídia ultimamente...

– O Sr. acredita? Então me diga. O que o Sr. prefere: Sorrir ou ficar com raiva? Abraçar ou brigar?

– Acontece que se sente prazer na violência. Se alguém me insulta, vou sentir prazer em esmagar-lhe o nariz, por exemplo.

– Sim. Mas o Sr. não preferiria que ele o elogiasse ou viesse pedir-lhe desculpas? Em todo caso, o Sr. evoca fenômenos contingentes, ao passo que eu lhe falo da essência do ser humano. Pouco importa o que o ser humano faça, ele não deixa de ser bom em sua natureza profunda.

– Mesmo assim existem muitos patifes!

– O que é um patife? Alguém é patife por natureza – ou seja, nasce patife, o que não creio que seja possível – ou se torna patife sob a influência de circunstâncias deploráveis? Nos dois casos, não teríamos então circunstâncias atenuantes?

– Creio que seríamos responsáveis por nossas escolhas!

– Sem dúvida. Mas só os que tomam consciência de sua liberdade chegam a esta escolha. Muitos homens e mulheres vivem na ilusão do determinismo. Ninguém lhes ensinou que eles podiam superar seus condicionamentos. A violência pode parecer legítima no sentido em que o sistema trata muitas vezes o ser humano como gado, mas não é com a lei do talião que sairemos dessa engrenagem. A solução está no amor, naturalmente presente no coração de nossa humanidade. Não se trata de amar beatamente todo mundo, mas deveria ser possível tratar a todos com uma benevolência de princípio. "Desaprova o pecado e não o pecador", reza o preceito.

– Fácil de dizer!

– Concordo. Mas não é o melhor caminho para o Sr. se sentir melhor? Pode haver cicatrização sem perdão? Uma vida será talvez dura com cicatrizes, mas com chagas ficará inevitavelmente infectada. Cabe a nós fazer com que nosso olhar seja o mais luminoso possível e reencontremos o gosto da liberdade ao ar livre: ser uma pessoa humana não é ser constante ou perfeito, mas livre e consciente de sê-lo. Sim, meu rapaz, apesar das influências exteriores, nós somos livres para rejeitar o ódio e a violência!

Uma má surpresa

Samuel, perplexo, afastou-se do mendigo. A biblioteca não era, também ela, um lugar de generosidade e de intercâmbio?

"Não passe muito tempo nos livros nem na teoria." Samuel nunca tivera a intenção de tornar-se um rato de biblioteca: isso não era suficientemente rentável e ele aspirava a uma vida materialmente confortável. Mas, será que era justamente isso que o mendigo queria dizer? Não desejava, antes, alertá-lo contra a uniformização que grassava também no mundo dos livros e das ideias?

Temos tendência a mudar de ideia como mudamos de camisa, mas todo este lavar-enxaguar-secar de cérebros seria ecológico? De tanto vestir as ideias mais asseadas, não vestimos também as mais engomadas? E as ideias asseptizadas não correriam o risco de favorecer uma resistência menor aos vírus? A demagogia já ocupava tanto lugar!

Samuel deu-se conta de que havia devorado uma obra atrás da outra sem realmente prestar atenção aos exercícios ou às possibilidades de pôr em prática. Sabia como obter o sucesso, comunicar-se bem ou ser feliz, mas ainda não havia feito nada para sê-lo.

Seria necessário instalar um sistema para só acessar as teorias seguintes depois de assimiladas e digeridas as precedentes, disse Samuel para si mesmo. Seria necessária uma "dor de barriga" no cérebro. Seria preciso limitar as retiradas da biblioteca a um livro por semana e, ainda por cima, com exame para ter acesso aos seguintes. Bem que seu *Livrinho azul* tinha razão: um capítulo cada vez e páginas em branco para refletir!

Entrou na biblioteca:

– Bom-dia, Senhor. Eu gostaria de falar com Madame Persigny.

– Madame quem?

– Persigny, a responsável pela biblioteca.

– Não conheço nenhuma Madame Persigny e sou eu que administro esta biblioteca.

– Não é possível! Ela estava aqui hoje de manhã!

– Geralmente há muitas pessoas numa biblioteca pública. Tudo o que posso dizer ao Sr. é que esta senhora não faz parte de nossa equipe.

Samuel demorou alguns segundos para refazer-se do choque: em resumo, eles tinham motivos de sobra para assumir identidades falsas. A não ser que a biblioteca esteja na jogada... Arriscou ainda uma pergunta:

– Diga uma coisa. O Sr. conhece o *Livrinho azul*?

– Temos muitos livrinhos azuis. Qual é o título?

– Esqueci, balbuciou Samuel, cada vez mais perturbado. Sou um *leitor*, sabe.

– É incrível, Senhor, mas o Sr. não é o único! Agora, se me permite, tenho o que fazer.

Samuel viu-se sozinho, totalmente confuso. Tentou escutar a voz da razão. Primeiramente, ele deveria doravante evitar falar do livro, pois isso o fazia passar por um imbecil. Em seguida, deveria fazer o melhor possível para levar a sério seu papel e respeitar as regras. Ele as havia infringido em alguns momentos e isso certamente não lhes agradaria se viessem a sabê-lo. Enfim, ele sabia onde encontrá-los!

Este último pensamento o reconfortou e ele resolveu voltar para procurá-los. Não teve nenhuma dificuldade em encontrar o imóvel, mas, ao entrar, pressentiu uma nova desilusão. E, com efeito, o saguão de entrada estava vazio; o vigia havia desaparecido. *Que bando de rastaqueras!* Subiu ao terceiro andar e bateu à porta. Ninguém, naturalmente. E a porta trancada à chave. Pelo buraco da fechadura percebeu que a sala estava completamente vazia. Mudar de casa não deve ter-lhes tomado muito tempo.

Desceu novamente e avistou a guarita do guarda. Tocou:

– Desculpe, Senhor. Estou procurando Madame Persigny.

– Não conheço este nome.

– Mas ela me disse que morava no terceiro...

– Este andar esta desabitado. Os novos inquilinos virão dentro de uma semana e posso assegurar-lhe que não se trata da senhora a que o Sr. se refere.

– Eu vim esta manhã e havia um vigia na entrada.

– O que poderia fazer um vigia na entrada?

– Vigiar...

– Sou eu que vigio aqui e, quando devo ausentar-me, como esta manhã, são os locatários que se vigiam entre si. Duvido que tenham recrutado um vigia para isso...

– Não, é claro. Devo ter-me enganado de imóvel. Desculpe.

– Por nada.

– Ah!... mais uma coisa. Se, por acaso, o Sr. cruzar com esta Madame Persigny, diga-lhe que estou gostando muito de seu livro e que vou seguir suas recomendações. Ela vai compreender.

Assim, ao menos, se o guarda estava mancomunado, *eles* saberiam que ele havia aceito as regras do jogo. Mas será que já não teriam deixado o quarteirão, a cidade, o país? Com seu gosto pelo segredo, tudo era possível. Não. *Eles* iriam com toda certeza deixá-lo em paz e, um dia, por um acaso que não seria realmente um acaso, *eles* retomariam o contato para pedir-lhe que se tornasse *ator* e confiar-lhe uma missão maluca. Ele descobriria então as engrenagens de sua organização e poderia fazer abortar seus estratagemas... Haveria de rir melhor quem risse por último!

O doente

Jean-Jacques foi diretamente ao hospital. No caminho, lembrou-se das palavras da aposentada e, à luz delas, pensou sobre o ódio tenaz que ele alimentava para com os pais há mais de vinte anos. Evidentemente, estes haviam mostrado uma crueldade inaudita ao proibir-lhe a relação com a moça, ao recusar-lhe o filho. Mas será que não chegara o momento da cicatrização? Iria ter-lhes aversão por toda a vida? *Ora! É preciso virar a página.*

Em última análise, os Srs. eram mais estúpidos do que maus! Um pouco como eu com Hélène, aliás...

Chegou ao hospital e dirigiu-se à recepção a passos rápidos. Havia anos que não se sentia tão bem.

– Bom-dia, Sr. de Trouville. Como vai?

– Muito bem, obrigado. Mas nada de cerimônias, por favor. Não tenho nenhum sinal de nobreza nem no nome nem na vida.

– Preciso desculpar-me pelo incidente de ontem, eu não sabia quem o Sr. era...

– Não foi nada. Eu também não o sabia.

– Esteja certo de que, se soubesse, eu o teria deixado encontrar-se com nossos doentes...

Jean-Jacques tinha horror ao servilismo, mas isso fazia parte das regras do "eu", quando se era rico e se tinha ficado célebre, nem que fosse por motivos ruins. Respirou fundo e respondeu:

– É muita amabilidade de sua parte, mas a Sra. tinha razão em aplicar o regulamento. Posso encontrar-me com um doente agora?

– Sim, claro! Achamos que o Senhor Pomol seria apropriado para o Sr. Ele é bastante simpático...

– Ele recebe visitas?

– Sim. De vez em quando.

– Então eu preferiria encontrar algum outro. Alguém que tenha mais raramente ocasião de falar.

– É que nós já anunciamos ao Senhor Pomol que o Sr. lhe faria uma visita e ele alegrou-se com a ideia de encontrá-lo...

– Ora! Ele se alegrará de encontrar-me talvez um outro dia. A esperança faz viver, não é? Gostaria de encontrar-me com alguém em total anonimato, a Sra. entende? Então, a Sra. tem algum paciente um tanto isolado a quem eu poderia fazer uma visita?

– Espere... Sim, é possível. Mas trata-se de alguém que sofre e isso certamente não será muito divertido.

– É o que eu dizia para mim mesmo ao entrar. Isto não se parece com um parque de diversões! Qual o número do quarto, por favor?

– Eu o acompanho.

– Não se dê a este trabalho. A Sra. tem o que fazer.

– Terceiro andar. Quarto 313. Senhor Dunez.

– Obrigado. Tenho tempo até 19:30h, não é?

– Até um pouco mais tarde, se quiser.

– Isso é suficiente. Até já!

Jean-Jacques deixou o saguão sorrindo: desta vez foi ele que colocou a recepcionista em seu devido lugar! A inversão de situação era engraçada...

Bateu à porta do 313, mas ninguém respondeu. Bateu de novo, um pouco mais forte. Ainda nada. Entrou com precaução e dirigiu-se até o leito.

– Senhor Dunez? Senhor Dun...

– Quem é o Sr.?

Jean-Jacques levou um susto. Esperava encontrar um doente dormindo e eis que o doente latia contra ele. Um verdadeiro buldogue.

– Bom-dia, Senhor. Meu nome é Jean-Jacques Bor...

– O Sr. é médico?

– Não. Absolutamente.

– Isso não me espanta. Os médicos não esperam resposta para entrar. O que o Sr. quer então?

– Discutir...

– Mais anormal ainda... E discutir para quê?

– É preciso um motivo?

– Sim. Não se vem visitar alguém sem motivo.

– Ouça. Não pretendo incomodá-lo, mas vim realmente para discutir. Isto pode parecer-lhe bizarro, mas no momento não tenho nada melhor a fazer. Faço-o, portanto, da melhor maneira possível.

– Se bem entendo, o Sr. vem passar o tempo.

– O tempo não passa sozinho?

– No quesito tempo, tenho um bocado de competência. O que sabe o Sr. do tempo, Senhor Filósofo? O Sr. já sofreu, sozinho, num quarto vazio, tendo o tempo como único companheiro? Quando o mal o corrói, o Sr. já contou os segundos rezando para que tudo acabe? Quanto a mim, sonho com o fim do tempo, porque não me trouxe nada de bom.

– O Sr. sofre?

– Os "debiloides" da recepção não lhe disseram nada? O Sr. sabe o que é ter câncer?

– Me diga o que é...

– É uma espécie de sanguessuga que nos devora a partir de dentro. E não se pode fazer nada! O pretenso milagre da medicina moderna nada pode fazer! O Sr. sabe quanto tempo me dão os jalecos brancos? Alguns meses apenas. Ah!, as sanguessugas!

– Eu pensava que o Sr. desejaria que tudo acabasse!

– Eu desejaria, sim. Mas isso lhes agradaria demais. Não vou entregar os pontos. Eles me condenaram à morte, mas vou resistir...

– O Sr. tem razão. Há muitos casos de cura do câncer, o Sr. sabe. Veja Lance Armstrong: câncer nos testículos e sete vitórias no Giro da França.

– Nos testículos... O Sr. me faz rir... Eu não tenho um câncer de dopado! Meu câncer é generalizado! É o cúmulo! Sorte grande! É todo o meu corpo que se deixa devorar...

– O Sr. faz as coisas em grande escala.

– Sim, rapaz. Eu vejo grande, terminarei minha vida magnificamente. Minha doença será minha obra-prima. Não deixarei a esses filhos da mãe nada a reutilizar!

– No entanto, é agradável ser útil aos outros!

– Pare de gozar com a minha cara. O Sr. é um cura ou o quê? O que é que os outros fizeram por mim, hein? Vou lhe dizer: a única coisa positiva com os outros é que não preciso mais suportá-los! Mas é isso! O Sr. é uma espécie de cura, não é?

– Não tenho nem mesmo certeza de ser crente.

– Como é possível sê-lo vendo todas as canalhices que acontecem neste mundo mau? Deus é amor, não dizem eles? Ora, conversa fiada... é sobretudo às crianças que eles pregam... justamente antes de passar às coisas práticas!

– O Sr. está exagerando. Existem tão poucos pedófilos entre os padres como nas outras profissões.

– O Sr. chama isso de profissão? Dar lições de moral a um bando de imbecis e condenar ao inferno os que não pensam como eles... Eles não podem transar, e então tentam beijar os outros!

– O Sr. tem uma visão muito caricatural...

– Espere! Onde está esse maldito Deus do qual todos eles falam? E se Ele existe, por que criou coisas tão abomináveis como as sanguessugas? Se ele existe, é realmente o maior dos sádicos!

– Talvez não seja seu papel dirigir-nos! Talvez ele queira nos deixar nossa liberdade!?

– Que liberdade? A de mourejar na fábrica até que os patrões nos ponham no olho da rua? Trabalhei duro durante trinta anos fabricando panelas. E de repente, puf! Tudo acabou. Fecham a fábrica, e tudo bem! Podem ir! Tudo isso porque a chinesada aceita deixar-se explorar ainda mais... A sociedade é realmente repugnante. Quando penso que as pessoas preferem economizar "dois paus" para comprar uma panela fabricada em condições desumanas em vez de ajudar operários como nós... Hoje em dia despreza-se o valor do trabalho: compra-se porque não é caro ou porque se viu na TV. As pessoas estão até dispostas a comer merda para comprar calçados de marca...

– E o que o Sr. sugere?

– É ridículo, mas seria necessário pôr as cores nacionais nos nossos produtos e favorecer o consumo nacional. Precisaria também aumentar os preços dos produtos estrangeiros.

– Não estou certo de que isso seja possível...

– E por que não? Se acrescentarmos a essas porcarias seu custo social, a poluição do transporte e um salário aceitável para os operários de lá, chegaríamos pelo menos ao mesmo preço dos produtos daqui. Com a diferença, poderíamos financiar o desemprego, a ecologia e até o Terceiro Mundo!

– Sim. Mas, se for mais caro, haverá menos consumo...

– Haverá um consumo melhor: mais produtos nossos e menos produtos deles.

– E uma guerra comercial: esses países recusar-se-ão então a comprar produtos nossos.

– E por que isso, já que nós lhes passaríamos sobretudo objetos de luxo e de tecnologia? Eles têm mais necessidade de nós do que nós deles, mas nós somos imbecis demais para compreender isso! Somos nós que compramos os produtos deles e lhes damos o que comer! Capitulamos covardemente sob o pretexto de que eles são mais de um bilhão e é preciso ajudá-los. Nós lhes repassamos nossa tecnologia para que eles possam melhor nos passar a perna! Eles não são burros, o Sr. sabe. São espertalhões, isso sim! E trabalham duro como só eles! Além disso, não têm escrúpulos porque são comunistas. O Sr. viu o que fizeram com o Tibet? Por que pôr em perigo nossa economia para ajudar um regime como esse?

– É mais complicado do que isso...

– Sempre é mais complicado... mas isso se torna complicado demais. Seria necessário recuperar o gosto pelas coisas simples e o bom-senso. O Sr. acha esquisito isto, de consumir prioritariamente o que é produzido localmente? É como com os estrangeiros: por que não ajudá-los no país deles em vez de ajudá-los no nosso país? Não seria também lógico?

– Mas nós os ajudamos.

– Sim. Ajudamos os países que compram nossas armas ou representam mercados para nossas empresas. Quanto aos outros, podem morrer, e nem se importam com isso! O Sr. viu o que acontece na África?

– Nós intervimos por ocasião das catástrofes humanitárias, convenhamos.

– Sim. Vamos até lá, com seis meses de atraso, um avião cheio de jornalistas e caixas pintadas com as cores nacionais para mostrar a todo o mundo como somos generosos. Milhares de crianças já morreram, mas tanto pior para elas. Bastava serem pacientes e mais midiáticas.

– O Sr. tem outras soluções?

– Seria preciso parar de confundir caridade e humanitarismo. Não se deve dar-lhes o peixe, mas deixá-los pescar em paz. Isso supõe, é claro, que paremos de pescar os peixes de seu lago, como se fez na Tanzânia[7], que aceitemos pagar um preço razoável por suas matérias-primas[8] e que respeitemos nossas malditas regras de livre-comércio, mesmo quando forem às vezes desvantajosas para nós[9]. Mas não! Nós criamos o hábito de considerar o Terceiro Mundo como um reservatório de escravos e de objetos baratos, onde podemos abastecer-nos à vontade para melhor garantir nossos lucros e vender-lhes nossos excedentes alimentares[10].

– Como é possível o Sr. saber tudo isso?

– Bem! Graças à TV! Não tenho outra coisa a fazer e então vejo TV, e me acontece topar com programas inteligentes.

---

7. Ver o filme *O pesadelo de Darwin*, de Hubert Sauper, que denuncia o tráfico da "perca-do-nilo" do lago Vitória, a que se entregam os ocidentais: peixes para a Europa, armas para a África...

8. Em 2001, os camponeses vietnamitas venderam por 4.000 dongs o quilo de café cuja produção lhes custara 8.000 dongs. A queda da cotação do café, que convém às contas dos industriais ocidentais, deve-se sobretudo à introdução vietnamita maciça e robusta: aumento de 1.400% na produção em dez anos! Ora, a expansão da produção foi financiada por um empréstimo da Agência Francesa para o Desenvolvimento...

9. Os Estados Unidos subvencionam maciçamente sua produção de algodão, impedindo os países africanos de exportar sua produção a uma tarifa conveniente. "Nossos países não pedem esmola, nem um tratamento de favor, nem uma ajuda", declarou o presidente de Burkina Faso, Blaise Compaoré, ao Comitê de Negociações Comerciais da Organização Mundial do Comércio em 2003. "Apenas exigimos a aplicação das regras que regem a economia de mercado, conforme os princípios diretores da OMC".

10. O que desvaloriza a produção local e mantém a cotação das matérias-primas num nível baixo. Eis como uma ajuda alimentar institucionalizada agrava a fome na África... De acordo com Marcel Mazayer, professor no Instituto Nacional de Agronomia: "Em dezembro último, época da colheita, o trigo da ajuda alimentar americana era vendido na Etiópia por cinco euros o quintal, enquanto normalmente os camponeses locais vendem sua produção por cerca de 17 euros. [...] Assim, o número de pobres expostos à fome aumentou, bem como a dependência do país do apoio internacional". 800 milhões de pessoas passam fome e 3/4 delas são camponeses que foram empobrecidos pela queda dos preços agrícolas (Entrevista de Stéphane BENZ, em *Capital*, fevereiro de 2003).

– Eu pensava que o problema da África vinha sobretudo da corrupção de seus dirigentes...

– E da preguiça dos africanos, não é? É muito prático para dormir tranquilo! A África é sempre assim miserável porque isso satisfaz aos nossos negócios, e ponto final! O Sr. fala da corrupção, mas quem foi que armou e colocou no poder boa parte dos ditadores? Nossas ideias democráticas têm costas largas quando se trata de garantir nossos negócios. A verdade é que a miséria fortalece os poderosos!

– O Sr. tem uma visão bem maquiavélica. O Sr. crê realmente que as pessoas se divertem brincando assim com o fogo?

– Brincam e se queimam. Bin Laden foi formado pela CIA, não foi?

– Claro. Mas ninguém imaginava então que ele iria voltar-se contra o Ocidente...

– Treinar *pit-bulls* nunca deixa de trazer perigo para o dono. Sobretudo se, depois, ele se cansa deles e os abandona...

Jean-Jacques permitiu-se um instante de reflexão. Sim. Este canceroso não estava totalmente errado: o sistema reforçava as desigualdades e prosperava sobre a miséria. O valor financeiro de uma empresa não aumentava a cada anúncio de demissões? A bolsa não havia surfado feliz sobre o *tsunami* asiático? *Talvez fosse preciso dar uma olhada nos meus negócios*, pensou honestamente. *Eu participo com certeza desta desordem...*

– Muito obrigado por ter-me aberto os olhos sobre todos estes problemas, continuou Jean-Jacques.

– Não há de quê, respondeu o doente. Aguardo com impaciência o momento em que tudo irá explodir.

– Como?

– BUM! Uma grande explosão que fará ruir todo o sistema...

– Nisto não estou de acordo. O Sr. não pode ao mesmo tempo denunciar a violência e invocá-la quando lhe convém...

– Mas claro que posso, porque é pela boa causa!

– Então a violência teria razão de ser a partir do momento em que serviria aos seus interesses, é isso?

– Não só aos meus interesses, mas também aos de todos os oprimidos. Depois de tudo o que sofremos, trata-se de legítima defesa!

– Mas quando iria parar tudo isso? Qual a diferença para o equilíbrio do mundo se os oprimidos se transformarem em opressores? Por que não rejeitar de uma vez por todas a violência? Como reformar um sistema sem mudar as regras do jogo, sem começar por reformar-se a si mesmo? É bastante fácil atribuir a culpa a todo o mundo, menos a si mesmo! O que fez o Sr., *pessoalmente*, para melhorar as coisas?

Este ataque repentino atingiu o doente em cheio. Ele ficou boquiaberto. Estava acostumado a ser lamentado ou ignorado, mas não a levar uma sacudida. O rosto, que endurecera ao longo de tanto sofrimento, cobriu-se de uma infinita tristeza. Cabeça baixa, acabou respondendo:

– Olhe para mim. A única desculpa que me resta, diante da porcaria de minha vida de cachorro, é dizer para mim mesmo que não foi culpa minha. E o Sr. quer tirar-me este último conforto? Tento justamente não pensar muito no que eu poderia ter feito. Lamentar, isso agora já não me serve para nada...

Jean-Jacques sentiu imediatamente pena do doente. Certamente, ele tinha razão em evocar o princípio de responsabilidade, mas deveria sem dúvida ter dado uma formulação melhor... Decididamente, não tinha pendor para a diplomacia. Procurou remir-se e adotou um tom mais doce:

– Mas condenar e acusar... isso também não lhe adianta nada. Qual o interesse em deixar o mundo com o coração cheio de ódio e ressentimento?

– Bem! Isto me parece evidente, suspirou o doente. Assim, estou contente em deixá-lo. Isto não pode ser pior...

– A morte seria uma libertação?

– Sim, se não se crê nem na reencarnação nem no inferno...

– Mas talvez exista um paraíso... O Sr. refletiu sobre isso?

– Sim. Mas, com o que penso de Deus, não tenho nenhuma chance de entrar nele...

– A não ser que esse Deus resolvesse fazer o Sr. mudar de opinião. Seria o melhor argumento para provar ao Sr. que Ele é Amor, não acha?

– É verdade. O Sr. acha que existe alguma pequena possibilidade?

– Se existir alguma coisa depois da morte, isto só pode ser positivo. Pois Deus conheceria então nossas fraquezas e suas razões e seria levado a nos perdoar. Senão, ele não seria benévolo e não poderia ser Deus.

– Sim, faz sentido o que o Sr. diz. Eu não havia pensado nisto.

Pela primeira vez desde o início da conversa, Jean-Jacques viu apontar uma pontinha de sorriso nos lábios do doente.

– O Sr. me dá novamente um pouco de esperança.

– Não. Foi o Sr. que se deu esperança. É o Sr. que escolhe.

– Raramente fiz a escolha certa...

– Antes tarde do que nunca, não é? A propósito, estou percebendo que a hora está adiantada e preciso deixá-lo! Muito obrigado por esta conversa. Muitas vezes não concordei com o Sr., mas é isso que torna as discussões interessantes, não é? Seria um insulto desejar-lhe um bom restabelecimento físico, mas estou convencido de que ainda há possibilidades do ponto de vista espiritual.

– Sim, é isso mesmo...

Jean-Jacques levantou-se e aproximou-se da porta. No momento em que saía, o doente o interpelou. Ele voltou-se:

– Sim?

– Muito obrigado.

Esta palavra parecia surgir do mais profundo de sua alma. Estivera ali enterrada junto com suas esperanças. Ressurgia hoje e iluminava o quarto com seu brilho.

– Obrigado ao Sr., respondeu Jean-Jacques, e bem-vindo novamente ao mundo dos vivos!

Livro 3
A metamorfose

A liberdade de alegrar-se,
Com pouca coisa com prazer.

Sob a aparência, cavar bem
Ajudar a luz a penetrar.

Isso o sábio compreendeu:
A verdadeira beleza vem da mente.

("Segunda Regra de vida", *Livrinho azul*)

Na escola da vida

Jean-Jacques aproximou-se de "seu" mendigo justamente no momento em que este terminava uma discussão.

– O Sr. tem um novo cliente, pelo que vejo...

– Eu diria antes um novo paciente.

– Qual a diferença?

– O cliente vem comprar de mim um pouco de generosidade: ele lança uma moeda furtivamente e vai embora, sem olhar. O paciente é alguém com quem se estabelece uma comunicação, alguém que mostra paciência. Esse aí chegou como cliente, mas partiu como paciente.

– Graças ao Sr.?

– Não, graças a ele. Ele se mostrou receptivo às minhas palavras...

– Então eu sou um paciente, e o Sr. é uma espécie de terapeuta?

– Eu sou o que você desejar que eu seja... Confidente, mendigo, amigo, terapeuta, professor, um homem livre, sábio, louco... Existem tantos qualificativos possíveis!

– Louco, o Sr. com certeza não é!

– Espero que sim! E tenho certeza que você já pensou que eu era!

– Sim. É verdade, admitiu Jean-Jacques. – Eu disse isso, mas não pensei realmente.

– Como? Você me considerou um louco, me desacreditou diante de testemunhas!

– Sim. Afinal, justamente diante de uma pessoa, quando eu estava na casa de repouso. Eu não sabia muito bem por que me encontrava lá e como explicar o caso. Eu disse que havia seguido o conselho de um mendigo um pouco perturbado. Mas a velhinha o conhecia, então isso não funcionou...

– Se bem entendo, você utilizou minha loucura como pretexto para a sua. Você me insultou por covardia, porque você não queria assumir suas responsabilidades.

– Mas o Sr. mesmo diz que é louco!

– A loucura é um conceito totalmente relativo. Quando eu digo que sou louco, sei muito bem o que isto engloba: a paixão pela vida, a liberdade em relação à sociedade, a extravagância das experiências... Mas você, quando diz que eu sou perturbado, está insinuando que não "bato bem da cabeça". É isso, não é?

Jean-Jacques não sabia o que responder. Claro que era isso! Por mais que este mendigo fosse filósofo, nem por isso deixava de ser completamente maluco.

– É a segunda vez que você cospe no prato em que comeu, continuou o mendigo, e, no entanto, vem me ver novamente...

– Escute. Sinto muito, mas eu não sabia que aquela aposentada o conhecia. Eu disse aquilo assim, sem pensar...

– Ora! É claro que você pensou. Não se toma alguém por louco sem razão!

– Ou alguém por sensato sem certa loucura... Bem! Já pedi desculpa, não é? Poderíamos agora passar a outro assunto?

– Você ainda sente dificuldade em admitir seus erros, não é? Você pensa que eu estou interessado em despertar-lhe uma má consciência?

– Começo a pensar, sim.

– Então é minha vez de pedir-lhe desculpas. Eu queria justamente fazê-lo tomar consciência do alcance das suas palavras. Você pensava que aquela senhora não me conhecia, mas você sim me conhecia. Foi a minha lembrança presente em você que você ultrajou. Insultando-me, você se insultou a si mesmo. Só os medíocres insultam. Lembre-se disso!

– Está bem. Está bem. Entendi a lição...

– Cabe ao professor dizer quando a lição terminou, e não ao aluno...

– Não sou seu aluno! Quem o Sr. pensa que é?

Jean-Jacques lançou esta réplica com uma violência que o surpreendeu a ele próprio. Fazia algum tempo que o mal-estar crescia dentro dele, que a pressão se acumulava. Em alguns dias, este mendigo já conseguira ter um domínio considerável sobre sua mente. *Quando penso que cheguei a ir duas vezes ao hospital!* Sem dúvida, aprendera bastante, mas talvez fosse a hora de retomar o controle da situação...

Caiu sobre o ambiente um silêncio um tanto desagradável. O mendigo esperou a tensão diminuir e prosseguiu:

– Não fique zangado, por favor. Eu não estou, eu que no entanto teria bons motivos para estar... O que você encontra de pejorativo na noção de aluno?

– Ela implica uma relação de força e de hierarquia.

– Mas também de partilha de conhecimentos, de desenvolvimento, de abertura ao outro, de humildade... Alguns jovens pensam que rejeitar a autoridade é dar mostras de maturidade. Eles não compreenderam que os professores estavam ali para ajudá-los a desenvolver-se...

– Encher-lhes a cabeça, melhor dizendo!

– Você tem alguma coisa contra o sistema educacional?

– Apenas o estar desligado das realidades da vida. Por que não se ensina como falar em público, utilizar a própria memória ou motivar-se?

– Mas é justamente isso que ele faz! De que adiantaria um curso sobre a memória se você não a exercita aprendendo as lições? O que o impede de responder às perguntas ou fazer uma exposição oral? E por que não utilizar o sistema de notas para motivar-se a si mesmo? A escola oferece um excelente terreno de desenvolvimento àquele que a considera como tal.

– Mas disso o aluno não tem consciência.

– A escola só terá sentido para o aluno se se der um sentido à escola, e isto é sobretudo tarefa dos pais.

– Os meus eram ausentes...

– Então é lógico que você se tenha esforçado o mínimo possível. Porque o mais das vezes é por causa de nossos pais, para agradá-los, que nos submetemos ao esforço escolar. Se fôssemos dar ouvidos a nós mesmos, estaríamos mais interessados, nas meninas e moças ou nos *video games*...

– É verdade.

– Os pais desempenham, portanto, um papel essencial para ampliar o debate sobre a escola e dar uma perspectiva entusiasmante ao aluno. Muitos professores chegam a cumprir este papel, mas não se deve contar demais com isso: sua função não é tanto educar as crianças e sim transmitir-lhes um saber e conhecimentos. O que você diria se eu lhe servisse um chá precioso numa xícara cheia de água?

– Eu pensaria que o Sr. é louco.

– É claro! Mas não é assim que acontece o mais das vezes com os conhecimentos? Nossa xícara mental está tão cheia de preconceitos que tudo quanto nela despejamos transborda. É normal ter preconceitos. O que é novo é a ferocidade com que alguns jovens se aferram a eles: o culto à juventude, arraigado na sociedade, tornou-os muito arrogantes e orgulhosos. De tanto ouvir: "Você tem razão, querido!", da boca dos pais, ou: "Você é o melhor", da boca dos publicitários, de tanto ver adultos procurando imitá-los, acabaram acreditando que eram oniscientes e onipotentes. Sendo assim, como poderiam ainda respeitar seus professores?

– O que seria necessário fazer, em sua opinião?

– Talvez pudéssemos começar por repor cada idade em seu devido lugar: as crianças de um lado e os adultos do outro e, no meio, uma barreira um pouco mais alta e mais difícil de transpor. É normal as crianças procurarem imitar os adultos, mas acho que hoje elas o fazem com demasiada facilidade.

– Mas os jovens são mais maduros do que antigamente, protestou Jean-Jacques.

– Ah é? E como você mede esta maturidade? Por uma sexualidade iniciada na pornografia, por um consumo teleguiado pela publicidade, por "viagens" provocadas pelo mal-estar, ou tomando como parâmetro a sabedoria e a reflexão? Zapear o mundo não é compreendê-lo. Reagir não é agir. Seguir as modas não é avançar. Ser violento não é ser forte.

Isso Jean-Jacques estrava disposto a admitir. No entanto, parecia-lhe inegável que os jovens mostravam uma sensibilidade maior para com os problemas do mundo. Eles ainda não haviam desistido! E, até prova em contrário, eram sempre os adultos que construíam as armas, empreendiam as guerras e ensinavam as crianças a tomar parte nelas...

– Você tem razão, admitiu o mendigo. Antes de repreender os jovens, precisaríamos reformar nossas vidas. Deveríamos oferecer-lhes uma outra perspectiva sobre o mundo.

– Ou seja?

– Um mundo diferente e aberto. Diferente daquele que eles veem na televisão e aberto a outros valores que não os do dinheiro, das lantejoulas e do *jet-set*. E, depois, poderíamos também redefinir um pouco o quadro daquilo que entendemos por liberdade.

– Mas, se há um quadro, já não há mais liberdade!

– Este erro de análise está na base do mal-estar atual. Demos demasiada importância a esta palavra, associamo-la a todas as formas de individualismo, esquecendo que nossa liberdade deveria andar junto com a dos outros[1]. Em seguida, confundimos liberdade com ausência de regras, quando a liberdade exi-

---

1. "A liberdade consiste em poder fazer tudo aquilo que não prejudica os outros. Assim, o exercício dos direitos naturais de cada ser humano não tem outros limites senão os que asseguram aos outros membros da sociedade o gozo destes mesmos direitos; estes limites só podem ser determinados pela lei" (Artigo IV do preâmbulo da *Declaração dos direitos do homem e do cidadão*, de 1789).

ge, pelo contrário, o respeito às regras. O que você diria de participar de jogos de prendas sem regras de jogo?

– Não teria graça nenhuma!

– Ora, acontece o mesmo no grande jogo da sociedade: as regras e as leis nos lembram que somos vários a jogar.

– Mas que só haverá um vencedor...

– Não existe um vencedor quando se joga, só existem vencedores: os que encontraram prazer com os outros e não contra os outros. Mas também isso temos tendência a esquecer: hoje em dia jogamos com demasiada seriedade! Obcecados pelo êxito e pela performance, nos tornamos maus jogadores. O sistema exige que o ser humano se comporte como um computador que não falharia nunca e trabalharia cada vez mais rápido. Não é de estranhar que os vírus se multipliquem!

– Existe com toda certeza um problema de *software*...

– Eu diria, antes, de incompatibilidade: incompatibilidade entre o que somos e o que mostramos, entre aquilo de que gostamos e aquilo que fazemos...

– Seria necessário explicar isso aos infelizes.

– Sim. Mas cuidado de não esquecer as virtudes da tolerância: ninguém aceitará mudar, a não ser à luz de seus próprios argumentos. Você pode ajudá-lo a ver mais claro; mas, se ele não lhe pediu nada, você não deve esperar nada dele em troca. Aliás, nós nunca deveríamos esperar nada dos outros.

– Como assim?

– Se você quiser, falaremos sobre isso em outra ocasião: começo a sentir fome e tenho por princípio ouvir sempre meu estômago.

– Convido-o para o restaurante.

– É gentil de sua parte, mas não no estado em que você se encontra. Você ainda não está pronto para parecer tão generoso. Você correria o risco de considerar-se uma vedete da generosidade e ficar deslumbrado com suas lantejoulas. É em seu próprio coração e não aos olhos dos outros que é preciso primeiro valorizar-se. Bom! Vou deixá-lo digerir tudo isso... Bom apetite!

O choque

Jean-Jacques apareceu cinco minutos depois com dois sanduíches:

– Eu não sabia do que o Sr. gostava, então peguei aquilo de que eu gosto: tem presunto de Parma e verduras cruas.

– Eu não lhe disse para comer no seu canto?

– O Sr. não queria ir ao restaurante, então só nos resta comer aqui.

– O que é que lhe faz crer que tenho vontade de almoçar no meu lugar de trabalho e que prefiro um sanduíche a um restaurante? Na verdade, eu estava me preparando para ir até lá...

– Ao restaurante? Nesses trajes?

– Sim. Ao restaurante. Mas naturalmente iria antes trocar de roupa. Bem! Já que você está aqui, só precisa me acompanhar. Tenho uma coisa para lhe mostrar...

O mendigo levantou-se e pôs-se a caminhar, com o labrador ao lado. Jean-Jacques os seguia. *Bem. Aqui estou! Após os conselhos, conduzido pela coleira... Devo parecer ridículo seguindo-os. Tomara que não encontre nenhum conhecido...* Este trio improvável não podia, com efeito, passar despercebido: era raro ver um maltrapilho e seu cão guiarem um "príncipe".

Caminharam uns dez minutos até entrar – *finalmente!* – num pequeno imóvel.

– Como é que o Sr. conhecia o código de acesso?

– Ora! Eu moro aqui.

– E não há problemas com os locatários? Quero dizer, sua presença não os incomoda? As pessoas são tão intolerantes hoje em dia...

– Houve sim alguns que se queixaram com o porteiro, mas consegui fazê-los mudar de opinião.

– Foi vê-los?

– Sim. E foi bem divertido. Faltava ver a cara deles quando se viram frente a frente comigo! Um mendigo na rua, eles estão acostumados; mas na soleira da porta deles, é outra história!

– O que o Sr. disse a eles?

– Que o guarda me havia informado das queixas deles e que eu vinha averiguar o que os incomodava. Já que não havia outro jeito, forcei a barra pedindo se podia entrar para conversar e se podiam me dar um copo de água...

– Mas isso é sadismo!

– Na verdade, é generosidade um tanto forçada... Seja como for, a maioria recusou-se a me deixar entrar, mas mesmo assim foram até a cozinha buscar um copo de água, vigiando com o rabo do olho para eu não furtar alguma bugiganga.

– Cá entre nós! É compreensível, não é?

– Que nada! Por que deveriam os pobres ser menos honestos do que os ricos? A virtude não se compra, que eu saiba!

– OK. Concordo. E o que lhe disseram depois?

– Murmuraram algumas desculpas: não sabiam que eu morava lá, não sabiam que o guarda estava ao par... Esse tipo de coisas.

– E tudo correu bem depois?

– Não. Houve até um que resolveu queixar-se ao proprietário, mas recebeu então uma carta pedindo-lhe que devolvesse o apartamento que, evidentemente, não era apropriado para ele.

– O Sr. está também de conluio com o proprietário?

– Eu sou o proprietário. Pronto! Chegamos. Faça o favor de entrar...

O mendigo conduziu Jean-Jacques para um belo apartamento de aproximadamente 150 metros quadrados. Diante de sua cara de pasmo, continuou:

– Desculpe a desordem, mas eu não havia previsto visita hoje. Eu pensava sim em abrir o jogo um dia destes, mas você me obrigou um pouco a isso com suas saladas e sanduíches...

– O Sr. mora mesmo aqui?

– Sim, e sou realmente o proprietário do imóvel. Evidentemente, os locatários ainda não fizeram a ligação: eles pensam que moro num quarto de empregada. E mais: No caso de um mendigo, a maioria das pessoas não olha senão os trajes. Um falso bigode e uma peruca e pronto! Engana-se qualquer um.

– Então, o Sr. é rico?

– Tudo depende do que se entende por "riqueza". Mas uma coisa é certa: eu não passo necessidade...

– Isso é escandaloso!

Jean-Jacques estava em estado de choque. Este mendigo-que-afinal-não-era-mendigo soube muito bem zombar dele. Ele que vinha procurá-lo pensando realizar uma boa ação. O que adiantava ser generoso se a generosidade não tinha sentido?

– O que é escandaloso?, replicou o mendigo. Pedir dinheiro quando não se tem necessidade? Mas, não é isso que faz a maioria das pessoas? Nós queremos sempre mais, quando o que temos bastaria de sobra para nosso bem-estar! E as multinacionais que preferem alterar e sujar o planeta em vez de reduzir sua corrida ao crescimento, será que isto não é escandaloso? Todo o nosso sistema está construído sobre esta lógica aberrante do sempre-mais!

– Mas o Sr. fazer-se passar pelo que não é, como o Sr. está fazendo, isto não é honesto!

– Pensando bem, você devia estar contente pelo fato de eu não passar necessidade. A não ser, evidentemente, que você não dava para me ajudar, mas para aliviar sua consciência.

– Mas, mesmo assim, o Sr. abusa da credulidade das pessoas!

– Não, já que lhes vendo a generosidade. Enquanto ignorarem a minha verdadeira situação, não há erro quanto ao serviço. Aliás, você pode constatar que eu lhes dava algo pelo dinheiro delas, não é?

– O Sr. prejudica os verdadeiros mendigos...

– Também não! Já que transfiro para eles a quase-totalidade dos meus rendimentos. Retiro apenas uma pequena comissão pelo meu trabalho. Geralmente, quando se obtém alguma renda, é preciso transferir 5 a 10% para obras de caridade. No meu caso, eu pratico o dízimo inverso: 90% para eles e 10% para mim...

– Eu não conhecia esta regra. Devo dizer que nunca recebi realmente rendimentos...

– A maioria dos assalariados também não a conhece. Mas ela é interessante por mais de um motivo. Além do aspecto puramente humanitário, ela permite libertar-se do poder do dinheiro, mandando à nossa mente a seguinte mensagem: "Tenho mais do que o necessário!" Ela dá igualmente um outro sentido e uma outra utilidade ao nosso trabalho: eu não trabalho unicamente para mim, mas também para os outros. Eu crio riqueza duplamente.

– Mas, se tenho dívidas ou se tenho dificuldade em equilibrar o orçamento?

– Então é preciso começar por livrar-se delas. Mas não se deveria protelar demais, porque esta regra permite igualmente gerenciar melhor suas despesas.

– Fácil de dizer quando se tem dinheiro!

– Ao contrário de você, eu nem sempre tive. Conheço, portanto, o valor do dinheiro em toda sua amplitude: difícil de obter quando se é pobre, mas precioso se se é rico. Foi também para manter os pés no chão e superar meu próprio medo da privação que me tornei mendigo. Mendigar centavos ajuda a recolocar sua própria fortuna em perspectiva...

– Sim. Mas se basta tomar o elevador para reencontrar o conforto!

– É verdade! Mas você ficaria surpreso em constatar como o hábito sobe à cabeça. Quando enfio minha roupa de mendigo, eu me transformo: torno-me mais humilde, mais tímido, mais próximo dos outros e da natureza humana... Esqueço quem eu sou e donde venho. Para quem o traz, o hábito pode muito bem fazer o monge!

– Mas por que o Sr. faz isso?

– Existem diversas razões, mas a principal é que isto me permite transmitir mensagens.

– Como aconteceu comigo ou com a pessoa de hoje de manhã?

– Exatamente. O que melhor do que um mendigo para falar de generosidade? Se eu falasse a você de generosidade instalado confortavelmente numa poltrona, com um cigarro e um conhaque na mão, como poderia eu inspirar-lhe alguma credibilidade? Você rir-se-á interiormente e dirá com seus botões: "Ele é muito gentil em pregar a generosidade, mas faria melhor começando por seus negócios!" E como teria eu convencido você a me ouvir? Nunca você iria inclinar-se para mim! Estamos cheios de preconceitos: um rico é forçosamente imoral e um pobre forçosamente estúpido. Eu criei um personagem híbrido, que atrai pela compaixão e retém pela inteligência. As pessoas me escutam porque não sou ameaçador e, no entanto, interessante. Pelo menos, é o que espero...

– E onde o Sr. aprendeu tudo isso?

– Ora! No contato com os outros e com a vida. Não existe milagre nem ciência infusa. A vida responde de forma simples aos que se colocam boas perguntas.

– Como, por exemplo?

– "Quais são as minhas prioridades?", "Quais são os meus sonhos?", "Estou respeitando meus verdadeiros valores?", "Coloquei uma dose suficiente de amor em minha vida?"

– E basta colocar-se as perguntas?

– Sim. Mas não de qualquer jeito. Diante de uma pergunta importante ou de uma escolha maior, convém colocar o desafio por escrito e dedicar-lhe o tempo necessário. Tomemos um exemplo: o que diria você de tornar-se mendigo em meu lugar?

– O quê? Você já está enjoado?

– Digamos que minhas pernas começam a sofrer por causa da imobilidade e que penso ter alcançado meu objetivo.

– Qual?

– O de ter encontrado uma pessoa digna de me substituir.

– Eu? E por que eu? Eu ignoro quase tudo sobre a generosidade e foi o Sr. que me ensinou o pouco que sei...

– Justamente por isso! Isso lhe fará o maior bem e você me deve este favor. Mas não desejo constrangê-lo. Seja qual for sua decisão, só será a decisão acertada se for a decisão tomada por você. Prometa-me apenas refletir seriamente sobre minha proposta. Tome esta folha e responda às perguntas ali feitas. Espero sua resposta amanhã às 9 horas. Eis o código da entrada. Desculpe-me por não acompanhá-lo até à porta, mas tenho um encontro neste famoso restaurante e já estou atrasado... Boa sorte!

A escolha

De volta para casa, Jean-Jacques lembrou a surpreendente semana que acabava de viver. Ofereciam-lhe a possibilidade de trocar a situação de capitalista-proprietário de uma dúzia de empresas pela de mendigo. Que bela promoção! Seu mendigo-que-afinal-não-era-mendigo estava louco, disso não restava agora nenhuma dúvida. Mas seria ele, Jean-Jacques, suficientemente louco para aceitar a proposta? A aventura era tentadora, mas ele temia não estar à altura. De resto, era mais fácil neste mundo desempenhar o papel do forte do que o do fraco...

Tomou a folha que lhe fora entregue pelo mendigo-que-afinal-não-era-mendigo. Como então deveria chamá-lo de agora em diante? Não sabia nem mesmo seu nome. Fulano era mendigo, sicrano era médico ou beltrano era diretor de empresa... Mas como designar alguém que se fazia passar pelo que não era? Um charlatão? Um usurpador? Seu mendigo desempenhava, no entanto, sua atividade com profissionalismo!

Aliás, não éramos todos nós usurpadores em graus diversos? Não vivíamos na ilusão do ser perfeito que trabalhava ainda em seu próprio melhoramento? No entanto, em vez de parecer, era necessário um dia começar a ser...

Por que tínhamos tanta dificuldade de dizer: “Sinto muito, mas não sei”, “Não é de minha competência” ou “Me enganei”? O mendigo reconhecia tudo isso e dizia também: “Sou pobre”, “Sou passivo” e “Preciso de você”.

O mendigo era a antítese do *superman*, do homem "modelo" que acredita controlar e dirigir seu mundo. Ele era o oposto do desenvolvimento. Ele não gritava com voz forte: "Olhem como sou capaz, competitivo, belo, rico e inteligente", mas: "Olhem como sou fraco e, se puder, ajude-me!" Pensando assim, a figura do mendigo era emblemática da condição humana: um ser bom, mas cheio de fraquezas, que precisava dos outros para viver e que não tinha vergonha de admitir isso. Na verdade, todos nós somos mendigos em potência, embora façamos tudo para convencer-nos do contrário...

Jean-Jacques consultou a folha de papel. Era uma fotocópia intitulada "Fazer a escolha certa". Seguia-se uma citação de André Gide: "Não existem problemas, só existem soluções". Vinham em seguida os dois termos desta alternativa:

> Termo 1: Tornar-se mendigo e aceitar a prova da pobreza e da humildade.
>
> Termo 2: Fazer o que sempre fiz e obter o que sempre obtive.

A quantas pessoas já havia sido entregue este "questionário"? O "mendigo" havia pretendido ter encontrado nele uma pessoa digna de sucedê-lo, mas lhe havia entregue um formulário já pronto, distribuído talvez às centenas. Talvez houvesse na cidade uma multidão de mendigos-que-afinal-não-eram-mendigos. Por outro lado, talvez todos eles, depois de muito refletir, tivessem recusado a proposta. Ser digno de sucedê-lo era talvez ter simplesmente a coragem de aceitar esta loucura...

O exercício consistia, para cada termo da alternativa, em fazer a lista das vantagens e dos inconvenientes e dar-lhes nota numa escala de 1 a 3. "*O que acontecerá se eu fizer isto? O que acontecerá se eu não fizer isto?*" Jean-Jacques começou por refletir nas vantagens da situação de mendigo. Não havia muitas: a liberdade, talvez, ou a possibilidade de revelar ou "vender" a generosidade aos outros?

Havia, em troca, um monte de inconvenientes: a pobreza, a imundície, o frio, a violência da rua, o olhar dos outros, a impossibilidade de fazer projetos de futuro... Suas notas eram claramente a desfavor da mendicância e, de fato, poucos mendigos exerciam esta "atividade" por puro prazer...

Jean-Jacques percebeu que ele não chegaria nunca a decidir-se procedendo desta maneira. Devia não esquecer que se tratava de uma espécie de representação de papéis, que ele poderia abandonar a qualquer momento para voltar a seu modo de vida habitual. Tranquilizado por esta perspectiva, listou as vantagens seguintes:

> Viver uma nova experiência: 3 pontos.
> Abrir-me aos outros: 2 pontos.
> Agradar a meu falso mendigo: 3 pontos.
> Relativizar o meu ego: 3 pontos.
> Transmitir a generosidade: 1 ponto. Precisaria ver se sou capaz!
> TOTAL = 12 pontos.

A lista dos inconvenientes permanecia, porém, bastante considerável:

Ser agredido: 3 pontos. Isso com certeza acontecia frequentemente.

Ser preso pela polícia: 2 pontos. Isso também devia acontecer.

Ser reconhecido: 2 pontos. Pouco provável, mas desastroso se acontecesse!

Perder meu tempo: 1 ponto. Seja como for, não tenho grande coisa a fazer.

Não suportar a humilhação: 3 pontos. Sempre fui tão "preservado"!

Não estar à altura: 3 pontos. Falta-me ainda muita sabedoria!

Não ter conforto: 2 pontos. E se chover?

TOTAL = 16 pontos.

Quanto ao segundo termo: "Fazer o que sempre fiz...", as vantagens eram evidentes:

Manter meu conforto: 3 pontos.

Manter meu amor-próprio: 1 ponto. Já não tenho muito!

Continuar a discutir com meu mendigo: 3 pontos. É em todo caso mais interessante do que ficar sentado no chão!

TOTAL = 7 pontos.

E os inconvenientes também:

Deixar passar uma ocasião: 1 ponto. Eu poderia muito bem fazer a experiência mais tarde. Qual a urgência?

A rotina do quotidiano: 1 ponto. Não preciso desta experiência para mudar de vida. Será que não acabei de mostrá-lo no decurso desta semana?

Decepcionar meu mendigo: 3 pontos. Eis o ponto fundamental!

TOTAL = 5 pontos.

A soma dos pontos era muito claramente desfavorável à mendicância. Jean-Jacques ficou decepcionado com o resultado... Seu raciocínio decidira contra a ideia de uma mudança tão radical de vida, mas ele sentia, não obstante, a necessidade de viver outra coisa... Sua intuição causava-lhe cócegas. Não seria esta a ocasião de dar o "grande salto"? Seu mendigo deixar-lhe-ia uma segunda chance?

Diante de um resultado não tão claro, convinha perguntar-se se não existia uma solução intermediária. A mendicância, afinal, não era a única maneira de mudar de vida!

Por que não começar por redistribuir uma parte de minha fortuna, perguntou-se Jean-Jacques. *Mas seria coisa fácil? Não era certo...* A generosidade dos ricos era considerada algo evidente. Já era uma coisa esperada...[2] E, depois, ele não tinha nenhuma vontade de expor sua generosidade aos olhos de todos. Se ele desse, desejaria fazê-lo em pleno anonimato. Mas sua experiência no hospital mostrara-lhe que não era tão simples...

Não. A única solução intermediária válida seria tomar um pouco mais de tempo para formar-se. Quando soubesse mais sobre a generosidade, seus encontros com os outros na qualidade

---

2. Os mais ricos são também os mais filantropos. Bill Gates e Warren Buffet, por exemplo, depositaram um total de 60 bilhões de dólares na Bill and Melinda Gates Foundation (www.gatesfoundation.org). Na França, Liliane Bettencourt, a herdeira da L'Oréal, depositou 120 milhões de euros na Fondation Bettencourt-Schueller (www.fondationbs.org). A palma de outro do altruísmo é concedida a Odon Vallet, um professor da Sorbonne, que legou toda sua herança (100 milhões de euros) à Fondation Vallet (Artigo de Olivier DROUIN, Les Français les plus généreux, em *Capital*, setembro de 2006).

de mendigo seriam mais autênticos e todo o mundo sairia ganhando!

Jean-Jacques anotou sua resolução da seguinte maneira: "Tornar-me mendigo quando me sentir pronto e preparar-me para isso".

Satisfeito, foi deitar-se. Depois de tantas reflexões, iria confiar aos seus sonhos as rédeas de sua razão...

Um sonho

Hélène está ali, sob o pórtico, sentada ao lado do labrador, radiante em seu vestido de casada. Jean-Jacques passa perto dela, mas não chega a falar-lhe. O mendigo o impede: diz-lhe que ele ainda não está preparado, que ele tem coisas mais importantes a fazer, que ele deve estudar mais. Finalmente, após um tempo indefinido, o mendigo entra numa Ferrari e desaparece.

Jean-Jacques precipita-se ao encontro de Hélène, mas encontra-se cara a cara com a aposentada, ocupada em filosofar com os doentes do hospital.

– Você quer uma discussão?, pergunta-lhe ela.

– Não, obrigado, responde Jean-Jacques. Já recebi minha dose...

Ele volta para casa. Antoine, o mordomo, preparou-lhe um jantar. Uma imensa mesa está posta no banheiro. Mas os pratos são demasiadamente quentes e a torneira de água fria recusa-se a abrir-se. Um encanador intervém: microfone na mão, entoa um hino à glória da água corrente...

Jean-Jacques melômano, então tomado de pânico,
enfia-se em seu quarto e descobre de repente:
Estendida sobre a cama – é realmente fantástico! –
Hélène, totalmente nua, sob um lençol de cetim.

Uma embriaguez selvagem percorre seus neurônios.
Seu coração põe-se a bater a ponto de falir.
No frio hibernal desperta uma amazona.
Será ele ao menos apto a lavar-lhe os pés¿

Ainda mais bela que em suas lembranças.
O amor, como é sabido, só se vive no presente.
Ele lê nos seus olhos claros uma promessa de futuro:

Viverão muito felizes, terão muitos filhos / amantes / dinheiro¿

Ela se levanta, aproxima-se e estende seus lábios finos.
Uma carícia simples, ele perde-se no esquecimento.
Eles têm um gosto de manga e depois de tangerina,
Perdoam seus erros, absolvem seus delitos.

Hélène impacienta-se e ele acorre, comovido,
Sentindo subir nele a seiva poética.
Orgulhoso de poder agradar-lhe, e sobretudo de ser escolhido,
Improvisa então este poema erótico:

No meio dos juncos, uma lagoa primaveril,
É tão grande meu desejo de mergulhar nela todo inteiro[3].

---

3. Adaptação livre de uma passagem de *Carne inebriante*, de Li Zuowen (1146-1198), tirada da antologia de poemas eróticos chineses do mestre calígrafo Shi Bo.

Ela ouve e aprova, ela pede mais,
Então ele continua, ajustando seus acordes.

A tenra fenda úmida acolhe o tesouro.
O amante, ousado, balança sem cessar seus rins.
Aproveitemos a noite para as loucuras do corpo.
Não existe alhures prazer mais divino[4].

Depois toc, toc, toc e mais nada: Hélène desapareceu!
Ele desperta só, triste como nunca.
Cinderela expulsa, último toque de meia-noite.
Mísero príncipe mendigo em seu conto desfeito...

A decisão

Antoine havia batido na porta do quarto para lembrá-lo do encontro marcado. "Seu" mendigo o esperava... Com o coração apertado, Jean-Jacques abandonou Hélène aos seus devaneios, engoliu apressadamente seu café-da-manhã e precipitou-se para a cidade.

Encontrou o mendigo sentado em seu escritório, com uma caneta na mão:

– O que o Sr. está escrevendo?

– O que me passa pela cabeça. Isso me ajuda a fazer a triagem... Então, qual a sua decisão?

Ditas essas palavras, voltou-se, e Jean-Jacques ficou surpreso – e também um pouco vexado – com o rosto juvenil de seu mentor. Era a primeira vez que o via sem traje nem maquiagem. Apesar da gravidade do olhar, não devia ter mais de trinta anos

4. Adaptação livre de uma passagem de *Primavera no pavilhão de Jade*, de Zhou Bing, cantora (1043-1104).

de idade. Coisa estranha, seu rosto não pintado pareceu-lhe familiar. Um vago ar de família...

– Então, qual é a sua decisão?, insistiu o mendigo.

– Fiz o exercício que o Sr. me aconselhou, mas creio não estar pronto. Penso que o melhor é eu esperar um pouco, o tempo de me formar...

– Deixe-me ver a folha... Interessante... Pode-se dizer que você não foi muito generoso com as vantagens. Mas isso parece lógico, porque você não entende muita coisa do negócio. Em compensação, você não economizou nos inconvenientes: ser agredido, preso pela polícia, reconhecido... Pelo que vejo, sua imaginação trabalhou bem. Todos os seus argumentos traem uma coisa bem clara: você tem medo! E só existe um remédio para isso: a ação! Na ação você verá rapidamente que não há muita coisa a temer. Quando fez a soma dos pontos, o que você sentiu?

– Fiquei decepcionado com o resultado.

– Então! É que você deve aventurar-se! Prova-o a solução alternativa apresentada por você: "Tornar-me mendigo quando me sentir pronto e preparar-me para isso". Você deseja aceitar o desafio, mas deixou suas emoções interferirem na decisão.

– Mas, o que fazer, já que não entendo nada do negócio? O Sr. mesmo o admite!

– Um dos trunfos da mendicância é que se aprende o ofício no local de trabalho. Existem poucos livros sobre o assunto e menos ainda professores ou peritos para nos ditar o que se deve ou não se deve fazer. Cada um conforme seu jeito!

– Mas o Sr.! O Sr. não poderia ensinar-me?

– E por que o faria? Para deixá-lo complexado, se você não fizer as coisas como é preciso? Para otimizar seu tempo sentado no chão? Compreenda bem uma coisa: não tenho tempo a perder com você! Não vou passar meses ensinando-lhe o que você aprenderá em alguns dias, pelo simples fato de partir para a luta! Só tenho um conselho a dar-lhe: aceite o desafio ou abandone-o, mas decida-se agora!

Jean-Jacques refletiu por alguns segundos. O mendigo aparentemente não lhe deixava escolha. Mas poder escolher não era pior? A escolha é muitas vezes fonte de embaraço...

– Concordo, decidiu ele. Mas com duas condições. Primeiramente, diga-me por que não se deve esperar nada dos outros. Depois, fique perto de mim nos primeiros tempos.

– Não creio que você esteja em condições de reivindicar qualquer coisa que seja. Tudo o que faço, faço-o por você; e tudo o que você faz, você também o faz por você. Mas ontem lhe prometi responder à sua pergunta. Então que seja! Depois disso, já não conte mais comigo. Devo ausentar-me por causa de meus negócios.

– Mas como vou me virar?, perguntou Jean-Jacques apavorado.

– Não se preocupe! O primeiro passo é que é o mais difícil. Você poderá sempre vir aqui mudar de roupa e, se quiser, poderá cuidar de meu cachorro e de minhas plantas.

– E se os inquilinos me disserem alguma coisa?

– Nós somos mais ou menos da mesma altura e por isso não penso que notarão a diferença. Os que me ignoravam ignorarão você, e os que me causaram problema evitarão também você, por vergonha. Se, apesar de tudo, alguém lhe fizer alguma observação, diga-lhe que eu vou bem e que o guarda está ao par. Isso bastará para tranquilizá-lo.

– E onde devo instalar-me?

– Mas por que não no meu lugar? É um local excelente: perto daqui, relativamente protegido das intempéries e muito frequentado. Você terá aí um magnífico ponto de vista sobre o mundo!

– Mas os transeuntes não poderiam notar a diferença e perguntar-se o que aconteceu com o Sr.?

– Isto seria formidável: significaria que eles se preocupam com os mendigos, que a generosidade produziu frutos. Mas não alimento muitas ilusões a respeito.

– E as pessoas que o conhecem?

– Ora! Elas irão conhecer alguém diferente! Há mais de seis bilhões de pessoas neste planeta, então para que limitar-se ao mesmo punhado de conhecidos?

– Seja como for, eu não sei o que vou poder dizer-lhes.

– Você não é obrigado a procurar a discussão logo no início, mas não correrá nenhum risco se o fizer. Um mendigo não pode cair. Ele já está no chão! Você pode falar qualquer coisa: você não tem nada a provar, nada a vender, nada a parecer! Você até pode permitir-se dizer seja lá o que for. Um mendigo está para além da extravagância. Ele é livre!

– E o hábito que o Sr. tem de chamar as pessoas de você, isso é para chocar?

– Você ficou chocado?

– Não. Achei até divertido. Pensei comigo que era seu jeito de ser.

– Isto me permite sobretudo saber com quem estou lidando. Os que se chocam com isso têm geralmente um problema de ego: são complexados e aspiram tanto mais ao respeito da parte daqueles aos quais se sentem superiores. Eu era como eles, há não muito tempo...

– Então, é como acontece com a cultura: quanto menos alguém tem, tanto mais a exibe, não é?

– Sim. As pessoas maduras pouco se importam com o fato de eu chamá-las de você.

– O Sr. me considera, portanto, uma pessoa madura?

– Não exatamente. No nível relacional, você mostra uma ingenuidade e uma falta de jeito impressionantes, como uma criança superprotegida e desligada do mundo. Você conhece a história do Buda?

– Vagamente. É um deus, não?

– Às vezes é considerado, mas era antes de tudo um homem. Chamava-se Siddharta Gautama e era filho de um chefe tribal. Durante toda a juventude viveu entrincheirado no luxuoso palácio da família, ao abrigo das misérias e das intempéries do mundo.

– Mais ou menos como eu...

– Sim. Certo dia, aos 29 anos, saiu de seu casulo e encontrou-se com o sofrimento na pessoa de um velho, de um doente, de um morto e de um monge mendigo. Estes quatro encontros determinaram sua vocação: fazer tudo neste mundo para eliminar as causas do sofrimento. Abandonou a família, a fortuna e os amigos e saiu à procura da sabedoria. Aprenderia, no fim de sua busca, que a renúncia a si mesmo e o pôr de lado as loucas ilusões do ego são o melhor meio de erradicar o sofrimento. Acabou alcançando o que chamamos de nirvana ou estado de felicidade!

É extraordinário, pensou Jean-Jacques. *É mais ou menos o que estou vivendo. Incrível!* Mas para onde tudo isso o levaria? À mendicância, como parecia querer seu amigo ou a alguma outra coisa que estava além dele? Será que a figura do mendigo representava o avatar ocidental do Buda? As semelhanças de postura e de estilo de vida eram, em todo caso, perturbadoras...

– E é isso que o Sr. espera de mim: que eu alcance o nirvana?, perguntou Jean-Jacques, perplexo.

– Quem sabe? Não dizem os budistas que todos nós temos dentro de nós a essência do Buda? O que é certo é que todos nós podemos tornar-nos mais sábios, mais serenos, mais generosos e mais felizes. Dito isto, penso que você ainda não está suficientemente voltado para os outros, você trabalha sobretudo para você mesmo. É normal e, em certo sentido, é até indispensável: como dar aos outros, se não temos nada para nós, se nós mesmos somos infelizes? Foi o que disse Almustafa a seus discípulos antes de deixá-los: "De mim lembrem o seguinte: não vos ensinei a dar, mas a receber"[5].

– Quem é Almustafa?

– É o profeta imaginado pelo poeta libanês Khalil Gibran. Sua obra pertence aos tesouros da literatura, aos livros de sabedoria que todos deveríamos ler e anotar regularmente. Você o encontrará na minha biblioteca...

– Obrigado! O Sr. poderia agora responder à minha pergunta: por que não se deve esperar nada dos outros?

– Não. Nem pensar!

– O Sr. quer dizer: nem pensar por enquanto?

– Não. Nunca. Mudei de ideia. Não lhe direi nunca!

– Mas o Sr. me havia prometido...

– Sei. Mas as promessas só obrigam aqueles que nelas acreditam!

---

5. Khalil GIBRAN. *Le jardin du prophète*. Mille et une nuits, 2000, p. 48.

– Francamente, eu o considerava acima disso!

– Você estaria decepcionado por acaso?

– Evidentemente!

– Então você sabe por que não se deve esperar nada dos outros.

– Para não ficar decepcionado?

– Exatamente! Não se trata de desprezar o outro, mas de respeitá-lo, deixando-o livre de toda expectativa. Com o jogo do ego são possíveis muitas estratégias, mas a mais proveitosa, a meu ver, resume-se em dois princípios:

1. Considerar-se semelhante ao outro.
2. Considerar o outro único e, portanto, infinitamente precioso.

– Mas não há contradição entre estes princípios?

– Absolutamente! Todos nós somos semelhantes, porque somos todos humanos. E isto convida à humildade. E todos nós somos únicos, porque temos todos uma história e circunstâncias de vida diferentes. E aqui está a tolerância e o respeito! Diga-me, como você trata aquilo que é único?

– Com delicadeza.

– Então, por que seria diferente com os outros? Existe algo mais raro do que o outro? Não! E, no entanto, nós não o escutamos, nós o interrompemos continuamente e o esquecemos logo depois que partiu. Falando de forma clara, comportamo-nos como egoístas no sentido que Oscar Wilde dava a esta palavra: não viver como se deseja, mas "exigir que os outros vivam como a gente quer que eles vivam". Exigir dos outros ou esperar deles que vivam segundo nossos critérios, é isto o egoísmo, já que isto equivale a fazer tudo girar em torno de si!

– É verdade, concedeu Jean-Jacques. Mas existem, mesmo assim, situações em que o outro exagera. Não é legítimo nesse caso ficar com raiva?

– Sem se deixar aviltar, geralmente é mais sábio ficar longe da raiva, relativizá-la.

– Como?

– Ora, seguindo nosso princípio: se não espero nada do outro, reconheço-lhe necessariamente o direito de me dizer às vezes coisas desagradáveis ou injustas. Aliás, se isso acontece, será que a intenção do outro talvez não fosse irritar-me, mas simplesmente dizer-me o que ele tinha no coração? Rejeitar as críticas é a melhor maneira de temê-las. Seria melhor aceitá-las como um presente que o outro nos dá.

– Um presente?

– Suponhamos que você tem uma mancha de fuligem no rosto. Você agradecerá à pessoa que lhe chamar a atenção para isso, não é? Ora, por que não fazer o mesmo com nossos defeitos?

– Ora, porque o outro não tem necessariamente razão!

– Sendo assim, para que irritar-se? Ou ele se engana e então eu sou obrigado a rir-me, ou ele tem razão e então eu sou obrigado a agir! A solução está na ação e não na negação.

– Então, por que esta formulação pela negativa: não esperar nada do outro e correr, portanto, o risco de perder o contato com ele! Não seria melhor recomendar que se espere do outro que ele *seja* o outro? Se conto com a alteridade, tampouco ficarei decepcionado, não é?

O mendigo sorriu: seu "discípulo" fazia progressos notáveis. Sua reformulação do princípio era, com efeito, mais justa, mais generosa. Mal interpretado, o "nada" poderia ocasionar estragos...

– Você tem razão, respondeu ele. Convém sempre desconfiar das generalidades.

– Sempre?

– Decididamente, preciso começar a refletir antes de lhe falar, continuou o mendigo rindo: você está se tornando corrosivo... Sem dúvida alguma, você está perfeitamente pronto para me substituir. Portanto, vá preparar-se! A roupa está neste armário e o banheiro é no fundo à direita. Você encontrará o falso bigode e a maquiagem na primeira gaveta. Deixo-lhe as chaves do apartamento sobre a cômoda. Se por acaso você precisar ausentar-se antes de minha volta, entregue-as ao guarda. Minha cadela se chama Sabedoria [Sagesse] e, como você pôde constatar, é muito obediente e afetuosa.

– O Sr. chamou sua cadela de Sabedoria?

– Os cachorros contentam-se com pouco, vivem no momento presente e mostram afeição às pessoas que os cercam. Se isso não é sabedoria, reconheça que se parece...

– Sim. Mas eles obedecem a seus instintos e não têm consciência de fazer o bem...

– Sou eu que a chamo de Sabedoria, não é ela que se acredita sábia! Claro que os animais não pensam como nós e, em certo sentido, tanto melhor para eles! Você imagina um cachorro que, antes de sair, se perguntasse se vai chover, se ele é bastante sedutor para atrair as fêmeas e se ele não corre o risco de quebrar uma pata? Ele sai, e pronto; e está contente por sair. E, quando volta, está contente por voltar. Ele aceita a vida como esta se apresenta e não lamenta sua sorte. Bem. Você precisa ir e eu preciso ir.

– O Sr. já vai?

– Eu saio e estou contente por sair! Tivemos esta manhã muitas ideias que agora convém arejar... Além disso, é preferível que você esteja só para levar a cabo sua metamorfose. Meu olhar poderia estragar tudo.

– Como assim?

– Lembrando-lhe quem você era antes! Vá. Coragem! E até qualquer dia, quando a vida decidir...

A transformação

Jean-Jacques olhou o mendigo partindo. Agarrar-se a ele não teria adiantado nada: o tempo da escolha tinha passado.

Preparou-se minuciosamente e não foi o mesmo homem que saiu do banheiro. Fisicamente, parecia envelhecido e ligeiramente curvado. Psicologicamente, seus temores haviam-se atenuado à medida que foi se transformando: impossível reconhecê-lo! Nem ele próprio se reconhecia... Sentia-se triste e miserável. Antes havia temido não estar pronto. Agora temia estar pronto demais...

Ao sair para a rua, a luz do sol o ofuscou e ele voltou instintivamente os olhos para o chão. Seria esta doravante sua perspectiva sobre o mundo... Felizmente não cruzou com ninguém no imóvel: teria sido incapaz de dizer qualquer coisa que fosse. Aliás, ele até nem se sentia mais no direito de dizer qualquer coisa. Antes temera não ter nada a dizer. Doravante temia ter que dizer alguma coisa. Num estado tão lamentável, ele não aspirava senão a encolher-se num canto, esperando a noite cair e subtraí-lo aos olhos do mundo. Pela primeira vez na vida experimentava vergonha e timidez.

Talvez eu devia comprar um pouco de álcool, disse para si mesmo. *Isso completaria minha panóplia e inibiria meus sentimentos*. Mas não. Ele devia permanecer lúcido para viver plenamente sua experiência. Não era de seu interesse trapacear. Recorrer à bebida não tinha sentido, a não ser para os verdadeiros mendigos: esses sim tinham realmente um monte de misérias a esquecer!

Uma vez instalado sob o pórtico, Jean-Jaqques deu-se conta de que estava com fome. E, evidentemente, seu dinheiro estava guardado junto com suas coisas! Um mendigo certamente não mendigava com um cartão de crédito no bolso; mas, seja como for, devia ter pensado em levar consigo seus documentos. Se fosse preso pela polícia, teria dificuldade em provar sua identidade...

Identidade? Mas será que ele ainda tinha identidade? Aos olhos dos transeuntes não era tão certo. Ele não esperava que a atitude dos outros mudasse tão bruscamente. Antes, tudo estava na indiferença: feliz anônimo entre os anônimos... Agora, pela primeira vez, sentia uma hostilidade para com ele. Pois não havia nenhuma dúvida: a maioria dos transeuntes o via!

Ele havia pensado que os transeuntes passariam sem vê-lo, mas afinal eles tentavam sobretudo passar sem ser vistos. Lia-se em seus rostos um sentimento de vergonha. Vergonha de ter mais e não compartilhar, mas também raiva em face deste mendigo que lhes revelava seu egoísmo e o reverso lastimoso do sistema econômico... Viu uma mulher apressando-se a tomar a filha pela mão:

– Não vá por ali!

– Quem é?, perguntou a menina.

– É um pobre, respondeu a mãe apressando o passo.

Eis como Jean-Jacques, o milionário, tornou-se um pobre, através do olhar dos transeuntes!

Fazia meia hora que ele estava em seu "posto" e ninguém ainda havia parado. É verdade que ele nada havia feito para atraí-los. Mas, não estava precisamente aqui o princípio da generosidade: aproximar-se sem ser chamado e dar sem ser manipulado? Gratuitamente. O gesto pelo gesto. O que já havia dito ele, seu falso mendigo? Ah sim! "As pessoas vêm até mim espontaneamente e se afastam com o coração leve".

Por enquanto, os passantes pareciam sobretudo livres para não prestar-lhe atenção. Se ele passasse mal, quanto tempo levaria até alguém vir socorrê-lo? Era possível realmente morrer assim, de indiferença? Jean-Jacques refletiu sobre todos os boatos que circulavam a respeito dos mendigos: considerá-los como vadios ou bêbados permitia justificar-se e voltar para casa de cabeça erguida.

Um outro mito também servia: dar favorecia a mendicância. Se ninguém desse, o mendigo seria obrigado a fazer outra coisa. Mas o quê? Trabalhar, roubar ou desaparecer? Seguindo esse raciocínio, os generosos alimentavam os mendigos da mesma forma que as velhinhas, com sua mania de jogar migalhas de pão, alimentavam os pombos...

O problema, que havia escapado aos detentores da responsabilidade, é que o mendigo pouco ligava para este tipo de raciocínio. Ele não via na moeda recebida a causa de sua desgraça, mas uma refeição, uma bebida, um quarto onde passar a noite. Pensando bem, ele teria preferido uma profissão, mas ninguém lhe atirava furtivamente uma profissão em troca de um "muito obrigado". Desde sempre e em todas as civilizações houve mendigos. Era esta a mais antiga "profissão" do mundo!

Será que os mendigos ganhavam bem seu sustento? Impossível de verificar – sobretudo quando não se procurava saber –, esta suposição era outro argumento muito prático para não dar. Quanto a Jean-Jacques, ele começava a ter dúvidas quanto a esta afirmação. Passara uma hora, e nenhuma moeda! Evidentemente, não havia escolhido a situação mais produtiva: andar sobre as mãos tocando gaita de boca ou declamar um discurso lacrimoso no metrô já lhe teria permitido comprar um sanduíche. A renda era proporcional ao esforço, à criatividade ou à miséria, e ele não gozava de nenhum destes três atributos. Um mau mendigo não podia ser senão um mendigo pobre...

No começo, em todo caso. Porque, de tanto ser pobre, o mendigo acabava por despertar realmente compaixão e por ser socorrido. Esperava-se o último momento para intervir, na vã esperança de que ele se virasse por si só, mas intervinha-se. Às vezes a civilização chegava tarde demais e isso causava escândalo: um mendigo havia morrido! As pessoas de bem acusavam então o governo de não ter cumprido sua tarefa: combater a desgraça até à soleira de sua porta, a fim de evitar-lhes ter que abri-la; financiar a pobreza, a fim de evitar-lhes ter que dar...

Que pena não pensar antes naquilo que se recebe, disse Jean-Jacques para si mesmo. Por que a sociedade não aprendia mais a receber? Por que havíamos perdido o gosto do reconhecimento e da gratidão? Será que é porque recebemos tantas coisas sem esforço? Será que é porque consideramos tudo como uma obrigação e não como uma oportunidade?

Ao cabo de uma hora e meia de pensamento vagabundando, Jean-Jacques esperava com impaciência o momento em que poderia finalmente mostrar reconhecimento. Como poderia ele fazer diferente? Os generosos eram tanto mais merecedores por serem pouco numerosos. Isso bem merecia recompensa.

Como iria recompensá-los? "Obrigado, Senhor, Obrigado Senhora" era banal demais. "Obrigado, meu caro senhor" era muito teatral. Por que não: "Obrigado pela esperança"? Não, era muito intelectual. "Obrigado por sua generosidade"? Nada mal, mas não tinha nenhuma originalidade. Seu orgulho levava-o a procurar um "*slogan* vedete", aquele que o distinguiria dos demais, que o poria na categoria dos mendigos competentes e profissionais.

Vamos ver... Do que é que as pessoas mais gostam? Delas próprias, é claro! E o que gostariam de sentir? Admiração... Era preciso dar-lhes bons motivos para sentirem admiração por si mesmos. Pronto! Encontrou a expressão exata! Ele lhes diria: "Obrigado. Obrigado por existir!" Havia gesto mais belo do que a generosidade para manifestar sua existência?

Duas horas e ninguém ainda! Felizmente seu manto o mantinha aquecido. Era uma veste ampla e confortável, feita sob medida para este tipo de atividade. Só faltava o bolso escondido para colocar os documentos e guardar seu salário. A menos que...

Jean-Jacques descobriu um pequeno bolso: era invisível ao olhar, mas parecia haver alguma coisa dentro. Correu o zíper com precaução e tirou um livrinho com capa azul. Abriu-o e deparou com algumas linhas de texto, caligrafadas com tinta vermelha:

Para Jean-Jacques Trouville, n. 4640
Da parte de Samuel Deboud, n. 341

Esperando que seja tão útil a você
Como o foi para mim. Afetuosamente,
Samuel

P.S.: Respeite as Regras de vida
e tornaremos a ver-nos em breve...

Livro 4

As revelações

A liberdade de ser paciente,
De oferecer um pouco de calma ao tempo.

Abandonar, deixar correr;
As contrariedades aceitar.

Isso o sábio prometeu:
Fazer do tempo um bom amigo.

"Regra de vida terceira", Livrinho azul

A entrevista

Samuel deixara Jean-Jacques com um aperto no coração. Lembrava-se de seu primeiro dia em trajes de mendigo. Eles deviam estar satisfeitos. Tudo decorrera mais ou menos como previsto.

Retomaram o contato cerca de quatro anos após lhe terem entregue o *Livrinho azul*: Madame Persigny – a falsa bibliotecária – apareceu certa manhã na sede da sua empresa, acompanhada de uma mulher jovem e encantadora. Samuel estava em reunião, mas cancelou imediatamente tudo para recebê-las. Ela começou felicitando-o por seus negócios: sua linha de produtos de bem-estar causava sensação.

É verdade que seus negócios iam de vento em popa. Tudo havia começado com o seguinte anúncio, que ele viu na biblioteca alguns dias apenas após ter recebido o *Livrinho azul*:

> **Procura-se Homem Jovem ou Mulher Jovem dinâmico(a) e preocupado(a) com o bem-estar. Entrevistas todos os dias desta semana das 14h às 16h na Casa do Bem-Estar.**

Ele conhecia a Casa do Bem-Estar[1] de fama. Primeiro centro a abrir suas portas na capital, oferecia em três andares as últimas técnicas de massagem e de relaxamento. Suas propagandas prometiam prazer, mudança de hábitos e renovação. A realidade era sem dúvida menos rósea, mas qual realidade não o era?

Samuel procurara-a no mesmo dia: já que havia naturalmente uma perspectiva de emprego, não podia perder tempo. Lembrava-se de seu primeiro dia e de sua entrevista como se fosse ontem....

Logo que entrou, pareceu-lhe penetrar num outro universo: um ar fresco com sutis fragrâncias de flores e citrinos encheu-lhe os pulmões; uma luz suave, acompanhada de música relaxante, acariciou-lhe o olhar; cantos de pássaros e o sussurro de um pequeno chafariz acalmaram-lhe a mente... Todos os seus sentidos o convidaram em uníssono a sentir-se melhor e achou sensato confiar neles. *Um ponto a favor para as condições de trabalho*, disse de si para si.

---

1. www.maisondubienetre.com

Apresentou-se na recepção e foi encaminhado ao salão. Não havia lido as *Mil e uma noites*, mas a decoração e o cenário correspondiam-lhes perfeitamente. Só faltavam os dromedários e os narguilés. Estes haviam sido substituídos judiciosamente pelos melhores chás e cafés em regime de autosserviço.

Os clientes que ali se encontravam mal ergueram a cabeça. Isso lhes exigiria demasiado esforço, e seu esforço estava lá com suas roupas: nos vestiários! A julgar por seus roupões, estavam em trânsito entre dois serviços e pareciam gostar da maneira como eram cuidados. Viver despreocupado não era, é verdade, muito difícil num ambiente tão paradisíaco. O retorno à terra é que seria tanto mais duro!

– Samuel Deboud? Bom-dia! Eu sou Antoine Larousso, gerente desta casa. Queira acompanhar-me, por favor.

Subiram um andar e entraram num gabinete. A janela aberta para o exterior, para a cidade e os problemas, ajudou Samuel a retomar o contato com a realidade: não estava ali para relaxar, mas para conseguir um trabalho!

– O Sr. veio por causa do anúncio?, perguntou o diretor com um sorriso que logo deixou Samuel à vontade. Onde o leu?

– Na biblioteca Victor Hugo.

– Muito bem. É a primeira vez que o Sr. vem ao nosso centro, não é? Qual a sua impressão?

– Devo reconhecer que aqui a gente se sente muito relaxado e que os Srs. parecem tratar com muito desvelo os seus clientes.

– É esta, na verdade, a ideia de base. Então diga-me: o que o Sr. conhece do mundo do bem-estar?

– Para ser franco, não muita coisa, mas me interesso muito. Por isso li muitos livros sobre o assunto e creio saber que ali as massagens ocupam um lugar privilegiado.

– E, em sua opinião, por quê?

– Ora. Porque elas relaxam e acalmam os sentidos...

– Os sentidos desempenham sem dúvida um papel importante, mas não creio que possamos construir um centro como o nosso sobre um princípio tão subjetivo e hedonista. O Sr., por acaso, acharia que as massagens equivalem a uma espécie de prostituição?

– Absolutamente, defendeu-se Samuel corando.

– Estou brincando com o Sr., sorriu o diretor. O Sr. não seria o primeiro a fazer a confusão e a legislação pouco ajuda a esclarecer as coisas.

– Como assim?

– Impedindo-nos de chamar as coisas pelo nome! Nós temos um verdadeiro potencial terapêutico, mas só podemos falar de bem-estar. Veja o que a lei nos obriga a indicar nos nossos folhetos...

Samuel analisou o prospecto que o diretor lhe estendeu. A cada apresentação de massagem, um asterisco remetia a uma explicação ao pé da página:

> * As nossas massagens não estão associadas à medicina nem à paramedicina. São cuidados de bem-estar e estéticos, e não terapêuticos.

– Estas poucas linhas fazem parte das humilhações impostas para frear o desenvolvimento das terapias alternativas, continuou Antoine Larousso. E sob qual pretexto? Simplesmente porque as instâncias científicas não conseguem ou não desejam estudar os efeitos e as virtudes dessas terapias[2]. Vá lá que entreguem o monopólio dos cuidados da saúde aos médicos, mas por que não ensinar-lhes as terapias naturais?

– Não sei, respondeu Samuel. Será que eles já não têm coisas demais a aprender?

– Longos anos de estudo, com efeito, nunca são demais para estudar os riscos a que a química sujeita o organismo[3], continuou Antoine. Mas por que a medicina ocidental se comporta como se tivesse uma contenda com a natureza? Será porque, apesar de todos os seus esforços, as pessoas continuam a adoecer e a morrer? Será por que a natureza – ao contrário dos OGM [Organismos Geneticamente Modificados] – não pode ser patenteada e, portanto, é pouco rentável? Será por causa dos laboratórios?[4] Não, não será amanhã que veremos os médicos propor óleos essenciais em lugar de nossos benditos comprimidos...

– Mas a eficácia não é exatamente a mesma, arriscou Samuel.

– O Sr. tem razão, continuou Antoine com um sorriso irônico: a ação dos medicamentos está intrinsecamente limitada a

---

2. "Negar porque não sabemos explicar: nada menos científico do que isso" (Henri Poincaré, cientista, 1854-1912).

3. Ocorrem 140 mil acidentes medicamentosos por ano (efeito iatrogênico), dos quais 9% mortais (*Science & Vie*, abril de 2003).

4. "O célebre Vidal, ao qual eles [os médicos] recorrem, não fornece, *in fine*, senão informações dadas pelos [...] laboratórios. Os quais, aliás, gastam entre 22.800 e 30.500 euros por médico generalista e por ano com *marketing*, essencialmente enviando um inspetor médico. Na outra extremidade da corrente, a imprensa médica de formação contínua é fortemente dependente da comunicação dos laboratórios" (Marina JULIENNE, em *Science & Vie*, abril de 2003). "Os laboratórios asseguram 80% do financiamento das agências encarregadas de autorizar a comercialização dos medicamentos. Estes mesmos laboratórios financiam 98% da formação contínua dos médicos e as campanhas de promoção que os tomam por alvo não deixam de produzir efeito sobre suas receitas. Consequência, extraída do relatório [*Médicament: restaurer la confiance*, publicado pelo Senado]: 'Por ocasião de 74% das visitas médicas, os efeitos indesejáveis do produto são silenciados'" (Samia DECHIR, em *Marianne*, 24 de junho de 2006).

um alvo bem preciso. Prescrevê-los a torto e a direito só pode reforçar a virulência dos micróbios...[5] Talvez seja lucrativo para os donos das indústrias, mas é desastroso para a saúde pública!

– O que o Sr. sugeriria?

– O bom-senso convidaria a não utilizar a química senão como último recurso, quando as soluções naturais não estão disponíveis[6]. E por que não voltar aos fundamentos e ensinar a não cair doente? Não está aqui o próprio fundamento do ensino de Hipócrates?[7] É também a abordagem das medicinas orientais: há pouco tempo ainda, na China, o médico que tratava do doente não era pago, porque se pensava que mostrara incompetência ao deixar a doença instalar-se.

– O mundo às avessas!

– Será que não somos nós que andamos de cabeça para baixo? Dar mais importância à prevenção do que ao tratamento com medicamentos que debilitam o sistema imunológico não é

---

5. "Além do aparecimento de fenômenos de resistência a antibióticos e da criação de famílias bacterianas mutantes poderosas [...], certas moléculas antibióticas apresentam uma toxicidade grave. [...] Os óleos essenciais, utilizados de acordo com as normas precisas, provocam 'efeitos secundários benéficos' ao conjunto do organismo, e a flora simbiótica [...] é respeitada. Por fim, o sistema imunitário vê sua atividade modulada no sentido mais favorável à defesa e ao desenvolvimento do organismo" (Comparação em sete pontos entre os antibióticos e os óleos essenciais, cf. *L'aromathérapie exactement*, de Pierre FRANCHOMME, Roger JOLLOIS e o Dr. Daniel PÉNOËL, Éditions Roger Jollois, 2001, p. 256).

6. Se 5 a 6% dos doentes devem utilizar as "terapêuticas mais eficazes mesmo que possam ser nocivas", 94 a 95% dos outros doentes têm todas as chances de ficar curados "por terapêuticas naturais, com plantas evidentemente, em tratamento de retaguarda ou mesmo em tratamento único" (Dr. Jean VALNET. Cf. seu livro *L'aromathérapie*, Maloine S.A. éditeur / Livre de Poche, 1990).

7. O juramento de Hipócrates pede aos médicos que aconselhem a seus pacientes "o regime de vida capaz de os aliviar" e que afastem deles "tudo aquilo que pode ser-lhes contrário ou prejudicial" (Littré). "Que tua alimentação seja teu medicamento e teu medicamento seja tua alimentação", recomendava igualmente o pai da medicina.

uma questão de bom-senso? Uma pessoa com saúde não tem porventura menos *chance* de cair doente?

– É então todo o sistema que precisaria ser revisto...

– Sim. E, em vista dos interesses financeiros em jogo[8], isso só ocorrerá se nós pacientes exigirmos claramente uma medicina mais suave e mais humana. Enquanto o dinheiro prevalecer sobre o bem-estar, a doença será infelizmente nossa sorte comum...

– Nós já nascemos todos no hospital, observou Samuel.

– Sim. E numa posição bem pouco natural...[9] Mas voltemos à nossa casa. Nós temos, portanto, dois tipos de visitantes: clientes que vêm buscar o bem-estar, o luxo e o prazer, e pacientes que estão aqui porque sofrem e procuram soluções que não encontraram em outro lugar. O desafio das recepcionistas é chegar a distinguir os clientes dos pacientes, a fim de orientar estes últimos para nossos terapeutas mais competentes.

– Se bem compreendo, os Srs. têm dois centros em um?

– É isso. Nossa seção "Café" agrupa os serviços de relaxamento clássicos, ao passo que a seção "Chá" abrange nossas diversas terapias. Esta não é nossa atividade mais rentável, mas é a que nos proporciona mais satisfação. Sempre ficamos contentes quando um visitante passa de uma seção à outra. Quando um cliente se torna paciente, isso significa que ele resolveu ocupar-se pessoalmente de si mesmo. Se ocorre o inverso, é que ele

---

8. Em 2005, o mercado farmacológico mundial chegou a mais de 600 bilhões de dólares, em progressão anual de 7%.

9. "É à rica civilização francesa que devemos a existência da obstetrícia moderna, com a mulher deitada num leito elevado. Qualquer outra posição era inacessível às damas da corte real, superalimentadas, demasiadamente vestidas, ávidas de atenções, sedentárias e pouco móveis. [...] Os próprios médicos acabaram por achar natural complicar assim o ato natural do nascimento" (Dr. Moyses PACIORNIK. *Redécouvert chez les Indiens: apprenez l'accouchement accroupi, la meilleure position, naturelle pour vous et votre enfant*. Pierre-Marcel Favre, 1982, p. 10).

conseguiu transpor o fosso que separa o sofrimento do prazer. Um processo nesta direção, porém, é pouco frequente.

– Por que isso?

– Qual sua opinião?

– Tomar tempo para si seria considerado perda de tempo?

– Talvez sim. Não é esta a definição do dicionário para o verbo *divertir-se?*[10] Mas existe um outro motivo, mais fundamental: nossos pacientes não sofrem mais, e isto basta para seu bem-estar. Não precisam mais de nós.

– Em certo sentido, o Sr. serrou o galho sobre o qual estava sentado...

– Preferimos dizer que os ensinamos a voar, e isso nos alegra: pássaros livres são mensageiros muito melhores do que pássaros na gaiola. Seja como for, não nos faltam pacientes: o viveiro das pessoas que sofrem cresce infelizmente cada dia mais. É por isso que desejamos diversificar-nos e estamos à procura de um colaborador. O que diria o Sr. de ajudar-nos a lançar uma linha de CDs terapêuticos para administrar o estresse?

– CDs?

– E por que não CDs? Se admitirmos que o estresse vem do mental, não é nesse nível antes de tudo que conviria agir? O Dr. Milton Erickson[11] desenvolveu técnicas auditivas muito efica-

---

10. Em francês: *s'amuser*. "S'amuser. Verbe pronominal. Se distraire, prendre plaisir, perdre son temps: s'amuser à lire" (*Petit Larousse illustré*, 1985).

11. Psiquiatra e hipnoterapeuta de renome internacional, o Dr. Milton H. Erickson (1901-1980) combateu durante toda a vida suas próprias doenças e sobretudo uma poliomielite que o paralisou parcialmente. Não podendo utilizar eficazmente uma parte de seus sentidos e condenado pela medicina (com a idade de 17 anos, ouviu o médico dizer a seus pais que ele não passaria daquela noite), assumiu o desafio de viver, inventou diversas técnicas compensatórias – entre as quais a famosa multievocação – e tornou-se o pai fundador da hipnose moderna. De passagem, revolucionou a medicina psicossomática e a ideia da época a respeito da influência da mente sobre o corpo. Calcula-se que ajudou 30.000 pacientes no decurso de sua carreira.

zes e, considerando todas as patologias ligadas ao estresse[12], creio que é urgente colocá-las à disposição do público. Então! Podemos contar com o Sr.?

– Tudo isto parece-me apaixonante, mas não sei se tenho capacidade. À medida que ouço o Sr. falando, dou-me conta de que não sei muita coisa a respeito...

– Quer creia quer não creia, o Sr. sempre tem razão! A questão é saber como o Sr. prefere considerar-se: um incapaz ou um ignorante? Aqui, só os ignorantes nos interessam: só eles estarão em condições de aprender! Decida: o Sr. não terá outra chance...

– Pois bem. Combinado!

– Muito bem! Evidentemente o Sr. deverá primeiro mostrar seu valor. Para começar, o Sr. dará a volta para conhecer todos os serviços de nossa casa, desde o banho turco até às termas, passando por nossas diferentes técnicas de massagem. Não. Não proteste: entre nós aqui o bem-estar e a saúde são uma obrigação...

E foi assim que Samuel mergulhou de cabeça, pés, mãos, dedos e cotovelos – de corpo inteiro! – no mundo do bem-estar. Para dizer a verdade, sua ascensão teve algo de surpreendente. Ele era dotado, sem dúvida nenhuma, mas havia outra coisa. O apoio incondicional de Antoine Larousso e seu nível de remuneração não deixaram, aliás, de despertar alguns ciúmes...

---

12. "Os estudos clínicos sugerem que 50 a 75% de todas as consultas ao médico são motivadas sobretudo pelo estresse e que, em termos de mortalidade, o estresse é um fator de risco mais grave do que o tabaco" (Dr. David SERVAN-SCHREIBER. *Guérir*. Robert Laffont, 2003, p. 18). O estresse seria, além disso, a primeira causa de licenças por motivo de saúde na França.

Mas certo dia, de repente, os sinais de atenção cessaram. Às suas perguntas – Samuel se perguntava se não teria feito algumas asneiras – Antoine respondeu laconicamente que não tinha mais nada a ensinar-lhe. Deixava-o livre para continuar com eles; mas, considerando suas competências e performances, encorajava-o antes a "deixar o ninho".

Ressentido, Samuel resolveu então explorar o que havia aprendido. Tomou seu cérebro e suas ideias e, com a ajuda de sua agenda de endereços, lançou por conta própria uma nova linha de produtos de bem-estar. Novamente, de maneira bastante estranha, o sucesso foi imediato. Como se Antoine lhe tivesse conscientemente cedido espaço nas prateleiras de seus distribuidores...

Eis que, alguns anos mais tarde, a falsa bibliotecária reaparecia. Finalmente Samuel poderia colocar a pergunta que há quatro anos o importunava...

As respostas

– Foi a Sra. que colocou o anúncio na biblioteca?, perguntou Samuel, depois de ambos estarem confortavelmente acomodados.

– Sim, respondeu a velha senhora. Nosso chefe julgou que você estava preparado.

– Seu chefe? Eu acreditava que era sua consciência que a guiava!

– E claro que é! Existe, porém, um posto acima do posto de *ator*...

– Qual?

– *Mendigo.*

– Mendigo! Espere! Não me diga que é o mendigo com o qual discuti certa vez no caminho para a biblioteca e que não pude mais encontrar novamente?

– Justamente ele. Ele pôde medir diretamente o progresso que você fez na aplicação da primeira *Regra de vida* e resolveu dar-lhe uma mãozinha.

– Colocando o anúncio?

– Contratando você para o seu centro.

– O quê! Este mendigo era Antoine Larousso, o diretor da Casa do Bem-estar! Não. A Sra. está brincando!

– Mas foi justamente ele que o recebeu por ocasião de sua entrevista de contratação. Você não o reconheceu, embora tivesse acabado de falar com ele na rua alguns dias antes. Estranho, não?

– O traje e as circunstâncias eram tão diferentes... É incrível. Absolutamente incrível... Como vai ele?

– Muito bem e ele lhe agradece a sã concorrência que você lhe proporciona com sua linha de produtos.

– Ele me instruiu bem... Compreendo melhor agora por que tudo foi tão rápido. Assim, é à Sra. que devo meu trabalho e meu sucesso...

– Não, Samuel. É a você que você o deve! Se você não tivesse dado satisfação, Antoine não teria tido nenhum escrúpulo de mandá-lo de volta às suas leituras.

– Mesmo assim, tenho a impressão de ter desfrutado de um tratamento favorável.

– Sem dúvida, poucos candidatos se apresentaram para o posto e o anúncio foi retirado do painel logo depois que você saiu da biblioteca.

– Quando penso na maneira como Antoine me tratou ao longo de minha formação... Tanta solicitude... Hoje compreendo...

– Ora! Quando se integra uma empresa, o mínimo que se espera não é porventura poder contar com um apoio e uma escuta?

– A Sra. sabe que é mais do que isso...

– Sim. Concordo. Confesso que sua posição como *leitor* jogou um pouco a seu favor. Mas, por outro lado, Antoine não estimulou você rapidamente a voar com suas próprias asas?

– Sim, mas não entendi muito bem por quê. Que interesse tinha ele em formar-me e deixar-me ir embora no momento em que eu era o mais produtivo para a empresa?

– Você ainda não compreendeu que nós não seguimos uma lógica de produção? Que interesse teria Antoine em manter você eternamente a seu lado? E que interesse teria você em mergulhar na rotina e entorpecer-se? Não era melhor deixar você livre e independente? Olhe o que você realizou em alguns anos apenas!

– Que seja. Mas tenho também a impressão de ter recebido um empurrãozinho. Lançar uma nova linha de produtos leva normalmente muito mais tempo...

– Sendo seus produtos bons e naturais, não havia nenhum motivo para diferir sua difusão. O bem-estar é um setor muito novo e muito frágil para temer a concorrência. O que é preciso de fato promover é a sinergia entre os diversos produtos: quanto mais opções houver, tanto mais os consumidores serão tentados a abandonar o industrial e a voltar-se para outra coisa. Além disso, a Antoine não falta atividade, você sabe...

– E ele continua mendigo de vez em quando?

– Não. Deixou seu lugar a um outro *ator*. Nenhum de nós desempenha o papel de mendigo mais do que por alguns meses. Cada um deve poder desfrutar desta experiência.

– Posição extravagante mesmo assim...

– Sim. Mas tão enriquecedora. Aliás, logo será sua vez.

– Eu? Não, obrigado. Nem pensar!

– Sua recusa nos decepcionaria muito. Você é livre para recusar, é claro, mas com isso você passará ao largo de muitas outras regras de vida.

Samuel mudou logo de ponto de vista: se havia outras regras, ele faria tudo para encontrá-las! Este *Livrinho azul* havia mudado tanto sua vida. E, além disso, ele ficava devendo-lhes isso...

– OK. De acordo, disse ele. Mas não posso abandonar meus negócios por mais do que algumas semanas.

– Você não precisará abandoná-los: a mendicância não lhe tomará senão a metade do seu tempo. Durante o resto do dia, você terá a liberdade de vestir o traje que melhor lhe convier. Em caso de urgência, você poderá também pôr a mendicância de lado: não seria razoável deixar um mendigo arruinar-se, não é?

– Quantos mendigos existem?

– Conosco, você quer dizer? Você descobrirá tudo isso no decurso de sua experiência... De momento, nós temos uma missão a confiar-lhe...

Samuel ouviu-a expor-lhe o projeto deles. Sua organização havia mudado inteiramente de estratégia e decidira recrutar doravante jovens. Fora ele que de certa forma dera o pontapé inicial. Se se queria mudar o sistema, convinha voltar-se para pessoas dinâmicas e ainda não *formatadas* demais, jovens em busca de emprego, por exemplo. Era preciso entregar-lhes o livro em circunstâncias um tanto estranhas e guiá-las discretamente...

– E por que tantos mistérios?, perguntou Samuel.

– Ora. Para intrigar os jovens e convencê-los de que somos sérios, e até mesmo perigosos... Não pretendemos divertir-nos inspirando-lhes temor, mas é o único método que encontramos para instigá-los a ler o livro conscienciosamente. Além disso, logo que começam a aplicar as *Regras de vida*, eles percebem que tudo isso é para seu bem e seu estresse desaparece. Não foi assim com você?

– Sim, perfeitamente. Compreendi logo que regras tão belas não podiam ser transmitidas por monstros sanguinários. Teria havido incoerência. Mas o que acontece com os que infringem as regras?

– Absolutamente nada! Você mesmo as infringiu e nada lhe aconteceu, que eu saiba! Você apenas se sentiu ridículo...

– Sim, é verdade, eu me lembro. Quer dizer então que o "verdadeiro" responsável pela biblioteca estava implicado no golpe?

– Claro. Como também o guarda do imóvel que me transmitiu sua mensagem. Sempre estivemos ao lado de você, discretamente, para observar seus progressos.

– E se eu não tivesse feito progresso?

– As coisas teriam evoluído mais lentamente. Levando em conta nosso objetivo, não temos obrigação de obter resultados.

– E em que pé está o projeto de vocês de questionar o sistema?

– Você deve ter constatado uma recrudescência dos livros e artigos sobre o bem-estar e os escândalos industriais: a química onipresente[13], os cosméticos nocivos à pele[14], os medicamentos

---

13. Das 100.000 substâncias sintéticas comercializadas na Europa, apenas 3% teriam sido submetidas a testes toxicológicos completos... Em 2004, por iniciativa do WWF, parlamentares europeus submeteram-se a uma análise sanguínea. Resultados: os pesquisadores descobriram, em média, uma quarentena de produtos químicos, entre os quais resíduos de pesticidas retirados do mercado há anos... Segundo um relatório publicado em setembro de 2006, foram encontrados produtos químicos nos alimentos consumidos em toda parte na Europa – tanto nos produtos derivados do leite como no peixe ou na carne. Cf. o site www.wwf.fr.

14. Cf. a lista dos ingredientes nocivos à pele no livro de Rita STIENS. *La vérité sur les cosmétiques*. Leduc, 2005. "Em sentido oposto a todas as promessas publicitárias, os melhores produtos de beleza ainda são as frutas, legumes e outros alimentos frescos", conclui a autora.

com efeitos secundários catastróficos, os alimentos ricos em calorias, mas sem conteúdo nutritivo, os pseudoplanos sociais para satisfazer a cobiça dos acionistas, os supermercados que provocam uma queda nos preços e nos empregos[15]...

– São os Srs. que estão por trás de tudo isso?

– De forma indireta... Os jornalistas e os autores são, é claro, independentes; mas nós favorecemos a tendência. Nós intervimos sobretudo a montante, no nível da evolução das mentalidades. Quanto a isso, decidimos aliás interessar-nos, depois dos jovens, pelos dirigentes de empresas. Também aqui, é você que será o pioneiro...

A missão

Ela explicou-lhe que Jean-Jacques Trouville era o herdeiro de um conglomerado que abrangia diversas empresas particularmente agressivas e perigosas para os seres humanos e o meio ambiente. Ele não era diretamente responsável, já que se desinteressava dos próprios negócios, preferindo levar uma vida de diletante. Confiara tudo a agentes financeiros, e isto explica sem dúvida aquilo. Numa palavra, Jean-Jacques Trouville era o exemplo ideal para ilustrar a teoria deles, segundo a qual o descuido dos seres humanos era em grande parte responsável pelo mal-estar ambiente.

Para ilustrar o que dissera, Madame Persigny desenvolveu uma metáfora:

---

15. Estima-se que um emprego criado num supermercado leva ao desaparecimento de três a cinco empregos em outros lugares, geralmente no comércio de pequeno porte e entre os fornecedores sobrecarregados de impostos ou arruinados. Assim, entre 1966 e 1998 o número de estabelecimentos de comércio de bairro na França baixou em 58%, ao passo que a população aumentava em 30%. No nível dos postos de gasolina é ainda pior... Cf. o livro de Christian JACQUIAU. *Les coulisses de la grande distribution*. Albin Michel, 2000.

– Em sua opinião, por que será que os bebês, que há duas gerações chegavam a controlar suas funções naturais antes dos dois anos de idade, hoje só chegam a isso com a idade de dois ou três anos?

– Não sei. Será que leram demais Freud?

– Há poucos riscos, e também dominam a leitura cada vez mais tarde... Não! É sobretudo por causa das fraldas.

– As fraldas?

– Sim, as fraldas, aperfeiçoadas a tal ponto que absorvem a urina sem que os bebês se sintam molhados. Por que então haveriam de evoluir, por que haveriam de adquirir o hábito de controlar suas funções? Só quando o bumbum fica molhado é que a criança sente incômodo e faz o melhor que pode para evitar senti-lo novamente.

– Se entendo bem seu raciocínio, quanto mais as fraldas são aperfeiçoadas, tanto mais será necessário usá-las?

– Justamente. As fraldas são uma solução que exige o mínimo esforço, e assim prejudica o aprendizado do asseio. Isto poderia ser também o símbolo de nossa sociedade molenga: a fralda nos evita ter que cuidar de nós mesmos e nos dá a ilusão da virtude. Na verdade, o crescimento só é possível se aceitarmos ao mesmo tempo fazer esforços e cometer erros. Demasiado conforto artificial prejudica o desenvolvimento. É mais ou menos como se uma borboleta preferisse permanecer larva, em vez de deixar o casulo. Você imagina o escândalo entre os insetos?

– Mesmo assim, cada um é livre para adotar o estilo de vida que quiser, não?

– É claro. Mas sempre é perigoso estar em contradição com sua natureza. Eu acrescentaria que, na posição de Jean-Jacques Trouville, seu diletantismo afeta também milhares de assalariados. Ainda no mês passado, uma de suas empresas despediu cerca de 400 pessoas, apesar dos lucros recordes. Nesses casos, é necessário um eletrochoque, e é isso que nós vamos aplicar-lhe por intermédio de você: vamos formá-lo para a mendicância!

– Escute. Compadeço-me totalmente da situação precária desses desempregados, retrucou Samuel, mas isso não é uma razão válida para eu ajudar os Srs. a manipular este indivíduo. Os objetivos dos Srs. podem ser louváveis, mas não gosto muito dos seus métodos...

– Isto testemunha totalmente em seu favor. Existe, porém, uma coisa que você deveria saber a respeito de Jean-Jacques Trouville. Há 23 anos ele teve um filho. Um filho que ele nunca conheceu...

– O que a Sra. quer insinuar com isso?

– Não faça essa cara, Samuel. É justamente de você que se trata!

– Neste caso, a Sra. está delirando completamente!

– Por que acha você que nós o escolhemos? Porque você era um membro assíduo da biblioteca? Vamos falar sério... Reflita, e você verá que aquilo que lhe dizemos é verdade. Seus pais adotivos asseguraram-me que haviam posto você ao par. Evidentemente, considerando sua pouca idade, eles não entraram em detalhes...

– A Sra. conhecia meus pais?

– Eram velhos e caros amigos. Aliás, fui eu que lhes sugeri que adotassem você. Eu estava convencida de que cuidariam bem de você.

– Mas, afinal, quem é a Sra.?

– Samuel, eu sou sua avó materna. Minha filha – a sua mãe – nunca conseguiu aceitar a rejeição que sofreu por parte dos “sogros". Psicologicamente muito debilitada, ela morreu pouco depois de ter posto você no mundo.

Com um nó na garganta, Samuel ia engolindo um golpe após o outro. Seu pesadelo aumentava à medida que a velha acumulava as revelações... Mas, a julgar por seus olhos marejados de lágrimas, a bibliotecária – sua avó – dizia a verdade. Aliás, pela primeira vez! Dividido entra a raiva e a pena, ele já não sabia mais como administrar a situação. Mas seu tom foi cortante quando conseguiu retomar a palavra:

– E é por isso que a Sra. quer vingar-se desse Trouville?

– Esse Trouville, como você diz, é seu pai, Samuel! Como poderia eu querer-lhe mal? Na época ele tinha apenas 16 anos e pais castradores. O que poderia ele fazer? Mesmo contra eles eu não guardo ressentimento, eles próprios se castigaram...

– E toda esta encenação para me teleguiar?

– Tudo o que fizemos, depois de saber do acidente de seu pai adotivo, foi ajudar você a encontrar seu lugar na vida ativa. Parece que você não teve do que se queixar, não é? Hoje oferecemos a você a possibilidade de reencontrar seu pai biológico, devagarzinho e à distância. Veja, ele ama você, mesmo sem saber ainda...

– Como pode a Sra. afirmar isso, uma vez que ele me abandonou?

– Para responder a esta pergunta, passo a palavra à jovem mulher que me acompanha. Apresento-lhe Hélène Trouville, a mulher de Jean-Jacques. É também por causa dela que estamos aqui.

Hélène aproximou-se e estendeu-lhe a mão, sorrindo:

– Sua avó diz a verdade. Meu marido falou-me muitas vezes do Sr. Não diretamente, é claro, mas ele sentia muito não ter podido criá-lo. Sua tristeza, nesses momentos, não deixava nenhuma dúvida, e ele sempre pôs a culpa nos pais... Creia ou não, mas, em minha opinião, ele sofreu muito mais do que o Sr. com a situação...

– Suponhamos que sim. Mas a Sra., o que vem fazer nesta confusão?

– Por causa de sua educação laxista e de sua situação financeira confortável, seu pai sofre de uma grave tendência ao desleixo, a não se importar com as coisas. Aceitei seu diletantismo durante certo tempo. Mas, como nada acontecia, a situação logo tornou-se fatal. Tentei fazê-lo mudar, mas ele obstinava-se e recusava-se a fazer qualquer esforço. Ameacei diversas vezes abandoná-lo, mas ele nunca me levou a sério. Por isso, há alguns meses fui embora e pedi o divórcio. Eu pensava que isso bastaria para recuperá-lo. Sei que ele me ama, veja bem. Mas está por demais acostumado à passividade para agir e me chamar de volta... Eu não sabia mais o que fazer nem o que pensar quando sua avó me contatou.

– É verdade, continuou a mulher idosa. E nós arquitetamos juntas um plano de ação de choque!

Ela explicou-lhe que tudo estava pronto: Antoine – sim, sempre o mesmo Antoine! – acabara de fazer-se contratar como mordomo pessoal do Senhor Trouville. Conhecia assim como ele empregava seu tempo, sabia quando e para onde se deslocaria e comunicaria esses dados a Samuel. Disfarçado de mendigo, Samuel seguiria seu pai à distância e arranjaria um jeito de iniciar uma discussão. Era de capital importância que o encontro parecesse casual. Samuel deveria, então, despertar suficientemente o interesse do pai para que ele voltasse novamente, de livre e espontânea vontade, para discutir. De acordo com Antoine, é isso que aconteceria, pois Jean-Jacques, após a partida de Hélène, encontrava-se num grande abatimento moral.

– Aliás, isso corre o risco de piorar, pois em breve vamos organizar o desaparecimento de Hélène. Vamos anunciar a Jean-Jacques nada menos que o suicídio dela!, emendou a avó.

– Mas os Srs. são completamente doidos, sádicos ou o quê?, vituperou Samuel. Como ousam brincar com coisas assim!

– Não se trata de brincar, mas de sacudir seu pai! Entrar em contato com a morte permite dar mais valor à vida. Um provérbio árabe diz que "para bem amar uma vivente, é preciso amá-la como se ela fosse morrer amanhã", mas eu estou convencida de que isso funciona *a posteriori*.

– O complô dos Srs. não deixa de ser completamente maluco...

– Escute o resto do plano. No decurso das conversas e discussões entre você e seu pai, você recomendará que ele visite um doente e uma aposentada. Eu farei o papel da aposentada e Antoine se encarregará de organizar os encontros. Seu pai seguirá assim o mesmo caminho do Buda e chegará mais rapidamente a tomar consciência. Depois, quando você o considerar preparado, irá propor-lhe que tome o seu lugar, enfim... o do mendigo! Só nesse momento você lhe entregará o *Livrinho azul*.

– Por que não começar com isso? Seria mais simples, não?

– Seu pai ainda não está em estado espiritual de recebê-lo. É preciso primeiro empobrecê-lo, no sentido figurado, é claro, fazê-lo mudar de traje e de hábitos até tornar-se capaz de aceitar e, sobretudo, de pôr em prática as *Regras de vida*...

– E depois?

– Depois, esperamos que sua experiência de mendigo, aliada à leitura do *Livrinho azul*, lhe permita dar a volta por cima e, com isso, interessar-se mais de perto por seus negócios. Entrará assim no círculo dos patrões honestos e respeitadores dos outros, suficientemente poderosos para fazer evoluir as coisas no bom sentido. É neste momento que você reaparecerá para explicar-lhe nossa organização e o papel que você nela desempenhou!

– Os Srs. pretendem revelar-lhe tudo? Como fizeram comigo?

– Sem dúvida alguma! Nunca deixamos ninguém no mistério: não somos uma seita! E como seu pai possui também uma tipografia, você poderá talvez convencê-lo a escrever as respectivas aventuras de vocês, e assim difundir a sabedoria do livrinho para um público mais amplo. As ideias são muito melhor aceitas quando provêm de pessoas ricas e célebres...

– Os Srs. resolveram afinal promover a mensagem do *Livrinho azul*?

– Sim. Atingimos finalmente a massa crítica que nos permite mudar as regras do jogo. Acabou o segredo! Convém doravante falar dele, falar dele o mais possível!

– E quando devo anunciar-lhe que sou seu filho?

– Quando você se sentir preparado para fazê-lo. Deixaremos também a Hélène a escolha do momento de sua "ressurreição". Cabe a você verificar, em função das relações que tiver estabelecido com ele, se você pode e sobretudo se quer, após tantos anos, criar em seu coração um pouco de espaço para ele. Filho natural ou espiritual, amigo ou mendigo, você verá, no momento certo, o laço que deseja estabelecer com ele. Pessoalmente, eu o aconselharia a não precipitar as coisas. Familiarizar-se requer sempre certo tempo...

Epílogo

– Bom-dia, Jean-Jacques.

– Hélène? É você mesma? Mas como é possível? Disseram-me que você estava...

– Morta? Sim, eu sei. É uma longa história e nós teremos todo o tempo para falar disso. Como vai?

– Excepcionalmente bem de um minuto para cá. É incrível, um milagre! Escute, peço perdão por ter-lhe causado desgosto. Sinceramente, lamento muito... Nossa união valia mais do que isso. Estou certo de que podemos reconstruir tudo... Me perdoa?

– É a primeira vez que ouço você pedir desculpas... Você nem imagina o bem que isso me faz, disse Hélène, com os olhos marejados.

– Mudei, você sabe. Nos últimos tempos fui levado a refletir muito. Eu amo você e quero ter filhos com você, fundar uma verdadeira família. Você me perdoa? Você aceitaria voltar? Posso ter esperança?

– ...

– Hélène? Tudo bem?

– Sim. Tudo bem! Nunca esteve tudo tão bem!

– Mas você está chorando...

– De alegria, Jean-Jacques, de alegria por ter finalmente conseguido reencontrá-lo...

O que resta da vida,
com exceção de ter amado?
Victor Hugo

O livrinho azul

As dez regras de vida

1.
Liberdade de ser generoso,
De partilhar, tornar feliz.

De ao estranho oferecer seu coração,
Aos indigentes seus valores.

Isso o sábio transmitiu:
Ele receberá, será curado.

2.
A liberdade de alegrar-se,
Com pouca coisa com prazer.

Sob a aparência, cavar bem
Ajudar a luz a penetrar.

Isso o sábio compreendeu:
A verdadeira beleza vem da mente.

3.
A liberdade de ser paciente,
De oferecer um pouco de calma ao tempo.

Abandonar, deixar correr;
As contrariedades aceitar.

Isso o sábio prometeu:
Fazer do tempo um bom amigo.

[...]

Você deseja descobrir as outras regras, amigo leitor?

Você deseja, como Samuel e Jean-Jacques, obter um exemplar do *Livrinho azul*?

Você ambiciona, a exemplo da bibliotecária, fazer evoluir o paradigma da sociedade?

Encontre o universo, o programa e o projeto do mendigo no site da internet: www.lemendiant.fr

Para entrar em contato com o autor: auteur@lemendiant.fr

A biblioteca do mendigo

www.lemendiant.fr

Alguns outros livros "revelações"

BAKAN, Joël. *Psychopathes & Cie*: la soif pathologique de profit et de pouvoir. Transcontinental, 2004.

COFFE, Jean-Pierre. *Consommateurs, révoltons-nous!* Plon, 2004.

CUSIN, Jacques-Pascal. *La bio malmenée*. Éditions Jouvence, 2005.

GRÜN, Hans. *Des arômes dans notre assiette*: la grande manipulation. Terre Vivante, 2004.

HULOT, Nicolas; MATIGNON, Karine-Lou & COMITÉ DE VEILLE ÉCOLOGIQUE. *L'impasse alimentaire?* Fayard, 2004.

PIGNARRE, Philippe. *Le grand secret de l'industrie pharmaceutique*. La Découverte, 2003.

SOUCCAR, Thierry & ROBARD, Isabelle. *Santé, mensonge et propagande*: arrêtons d'avaler n'importe quoi! Seuil, 2004.

ZIEGLER, Jean. *Les nouveaux maîtres du monde*. Fayard, 2002.

Alguns outros livros "Sapienciais"

COMTE-SPONVILLE, André. *Petit traité des grandes vertus*. PUF, 1995.

Porque virtudes como a compaixão, a tolerância, a generosidade ou o amor bem merecem um pequeno tratado de filosofia contemporânea.

LACROIX, Xavier. *L'avenir, c'est l'autre* – Dix conférences sur l'amour et la famille. Cerf, 2000.

Leitura indispensável antes de empenhar-se na vida a dois.

MORGAN, Marlo. *Message des hommes vrais au monde mutant* – Une initiation chez les aborigènes. J'ai Lu, 2004.

Um livro sobre a sabedoria de um povo, que no entanto foi descrito pelos primeiros exploradores ocidentais como "o mais primitivo e o mais miserável da face da terra". Os homens verdadeiros são os aborígenes e, mais precisamente, os membros da tribo wurundjeri da Austrália. Os mutantes somos nós, os ocidentais, que mudamos ao ponto de não conseguirmos mais escutar nossa natureza...

SAINT-EXUPÉRY, Antoine de. *Le petit prince.* Gallimard, 1999 [*O pequeno príncipe*].

Um livro indispensável para todas as idades, mas sobretudo para os "grandes personagens que adoram os números".

SCHEURMANN, Erich. *Le Papalagui, les étonnants propos de Touiavii, chef de tribu, sur les hommes blancs*. Pocket, 2004.

Estas palavras foram publicadas em alemão em 1920 contra a vontade do chefe Touiavii, que as destinava exclusivamente a seus compatriotas polinésios. Foi preciso aguardar até o início dos anos 1980 para aparecerem em francês e se difundirem pela Europa e o resto do mundo. Continuam sendo de espantosa atualidade...

SCHMITT, Éric-Emmanuel. *Oscar et la dame rose.* Albin Michel, 2002.

Uma das mais belas histórias dos últimos anos.

E também

GANDHI. *Tous les hommes sont frères.* Gallimard (Folio Essais), 2003.

GRÜN, Anselm. *L'art de vivre en harmonie.* Albin Michel, 2004.

KÜBLER-ROSS, Elisabeth & KESSLER, David. *Leçons de vie*, Lattès, 2002.

LOZOFF, Bo. *La vie vaut la peine d'être vécue.* Le Jour éditeur, 2003.

PRADERVAND, Pierre. *Découvrir les vraies richesses.* Éditions Jouvence, 1996.

SERVAN-SCHREIBER, Jean-Louis. *Vivre content.* Albin Michel, 2002.

SOEUR EMMANUELLE. *Vivre, à quoi ça sert?* Flammarion, 2004.

E ainda, escondido, num cantinho

SAINT GIRONS, Benoît. *L'alchimie du succès.* Dangles, 1997.

Exemplar com dedicatória, obtido diretamente do autor.

E por fim

SAINT GIRONS, Benoît. *L'autre choix*: choisir la liberté et le bien-être.

Uma compilação prática das principais ideias do "contentamento pessoal". Numerosas pistas, estratégias e exercícios. Extratos em www.lemendiant.fr